LOI

SUR

LA POLICE DE LA CHASSE

ANNOTÉE

ET SUIVIE D'UNE ANALYSE DES LOIS, RÈGLEMENTS ET ARRÊTS

SUR LA LOUVETERIE

PAR H. CIVAL

Docteur en droit, substitut à Autun (Saône-&-Loire).

PRIX : 3 FR.

LIBRAIRIE GÉNÉRALE DE JURISPRUDENCE DE COSSE

Place Dauphine, 27, à Paris.

1852

LOI

SUR LA POLICE DE LA CHASSE

ANNOTÉE

AUTUN, IMPRIMERIES DE DEJUSSIEU ET L. VILLEDEY.

LOI

SUR

LA POLICE DE LA CHASSE

ANNOTÉE

ET SUIVIE D'UNE ANALYSE DES LOIS, RÈGLEMENTS ET ARRÊTS

SUR LA LOUVETERIE

PAR H. CIVAL

Docteur en droit, substitut à Autun (Saône-&-Loire).

LIBRAIRIE GÉNÉRALE DE JURISPRUDENCE DE COSSE

Place Dauphine, 27, à Paris.

1852

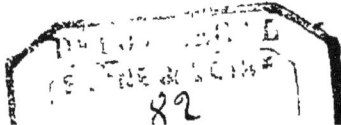

SECTION Ire

De l'exercice du droit de chasse.

Art. 1er. § 1er. — Nul ne pourra chasser, sauf les exceptions ci-après, si la chasse n'est pas ouverte, et s'il ne lui a pas été délivré un permis de chasse par l'autorité compétente.

(Art. 1er. § 1er.) 1. — Par le mot chasse, on entend tous les moyens de s'emparer par force, par ruse ou par adresse, des animaux sauvages.

Toullier, *Droit civil français,* t. 4, n° 6.

Gillon et De Villepin, *Nouveau Code des chasses,* p. 7 et 38.

Championnière, *Manuel du Chasseur,* p. 5.

2. — Pour être fidèle à la pensée de la loi, il faut entendre ce mot dans le sens le plus général, en l'appliquant sans distinction à la recherche et à la poursuite de tout animal sauvage et de tout oiseau.

Paris, 21 décembre 1844. — S. 45. 2. 100. — P. 45. 2. 132.

Circ. du garde des sceaux du 9 mai 1844.

Berriat-St-Prix, *Législation de la chasse et de la louveterie,* p. 123 et s.

Camusat-Busserolles, *Code de la police de la chasse,* p. 36, 37 et 89.

Petit, *Traité complet du Droit de chasse,* t. 1er, p. 1re.

3. — Et cela sans s'occuper des procédés employés, ni de leur efficacité, mais en examinant seulement l'intention de celui qui les emploie.

Petit, p. 29.

4. — C'est chasser que de parcourir les lieux où le gibier peut être dans le dessein de le tuer, de se placer dans le même but sur son passage habituel, de le poursuivre à vue, ou même simplement de le prendre vivant dans son gîte.

Gillon, p. 38.

5. — Les tribunaux apprécient si les faits qu'on leur dénonce constituent ou non des délits de chasse.

Berriat-St-Prix, p. 117.

V. *infrà*, art. 2, nos 28 et s. — Art. 5, nos 15 à 21. — Art. 9, nos 5, 25, 27 et 28. —Art. 11, § 1er, nos 1 à 18.— § 2, nos 5 et s. — § 3, nos 2 et s.—§ 4, nos 2, 6, 9 et 12.— § 5, nos 5 et s. — § 7, nos 2 et 7. — Art. 12, § 1er, nos 3 à 7. — § 4, nos 2 et 3. — Art. 16, n° 28. — Art. 20, n° 5. — Art. 27, n° 14. — Diverses décisions où cette faculté d'appréciation s'est exercée.

6. — Sous l'empire de la loi du 30 avril 1790, le permis de port-d'armes de chasse, prescrit par le décret du 4 mai 1812 (art. 1 et 3), n'était nécessaire que pour la chasse avec armes. Ainsi la chasse (alors permise) avec des chiens lévriers, mais sans armes, ne pouvait constituer un délit, encore qu'elle eût eu lieu sans permis de chasse.

C. C. 10 décembre 1828. — S. 29. 1. 124. — D. 28. 1. 431. — P.

7. — La loi du 3 mai 1844 étend à toute espèce de chasse la nécessité de l'obtention d'un permis, que le décret de 1812 n'exigeait que pour la chasse au fusil, et qui se nommait permis de port-d'armes.

Il n'y a d'exception que pour le cas de chasse dans un enclos attenant à une habitation, et pour l'oisellerie proprement dite.

Berriat, p. 11.

Gillon, p. 39 et s.

Camusat-Busserolles, p. 33.

N. B. L'exception faite pour les bois du domaine de la couronne (V. *infr.*, art. 30, n° 7) ne subsiste plus. (V. *ibid.* n° 12.)

8. — Ainsi il faut un permis

pour chasser même sans armes. [1]
Rouen, 10 avril 1845. — D, 45.
    4. 73.

Circ. du garde des sceaux du
    9 mai 1844.

Circ. du minist. de l'int. du
    20 mai 1844.

9. — Il en faudrait un même
pour la chasse et la capture des
oiseaux de chant et de plaisir.

Berriat, p. 123.

Cet auteur abandonne l'opinion par lui émise, p. 11.

10. — Ainsi un permis de
chasse est nécessaire à celui qui
d'un lieu public tire sur des oi-

seaux qui se trouvent dans un
jardin.

C. C. 24 septembre 1847. — D.
    47. 4. 74. — P. 48. 1. 447,

11. — Et à celui qui prend des
petits oiseaux à la glu.

Angers, 17 septembre 1845, —
    D. 46. 2. 40. — P. 45. 2. 413.

12. — Il faut de plus, pour
prendre des oiseaux, être sur son
terrain et que la chasse soit ouverte.

Paris, 21 décembre 1844. — S.
    45. 2. 100. — D. 45. 2. 18.
    — P. 45. 2. 132.

Camusat-Buss., p. 90 et 91.

13. — L'obtention d'un permis
de chasse est également nécessaire pour la chasse des oiseaux
de passage par les moyens exceptionnels autorisés par le préfet.

C. C. 18 avril 1845. — S. 45.
    1. 388. — D. 45. 1. 266. —
    P. 45. 2. 124.

Championnière, p. 59 et 60.

Gillon, p. 176 et 1er suppl.,
    p. 2.

Berriat, p. 11 et 25.

Camusat-Busserolles, p. 34 et
    35.

Circ. minist. des 9 et 20 mai
    1844.

V. en sens contraire :

Bourges, 27 février 1845. — S.
    45. 2. 240.

---

[1] L'Assemblée législative, dans sa
séance du 23 juin 1851, a pris en consi-
dération une proposition de M Baze, tendant à modifier la loi du 3 mai 1844, en
ce sens, « que le permis de chasse ne se-
» rait obligatoire que pour les personnes
» qui chassent à tir ou à courre. » Si cette
proposition vient à être convertie en loi,
il ne sera plus besoin d'un permis pour
chasser le lapin avec des bourses et furets,
ni pour la chasse des oiseaux de passage à
l'aide des moyens exceptionnels (filets,
lacets, gluaux, raquettes, etc.) autorisés
par le préfet ; mais il en faudra un pour la
chasse de tous les oiseaux sédentaires et
du gibier pour lesquels la loi du 3 mai
(art. 9) ne permet que deux modes de
chasse, celle à tir et celle à courre.

Arrêt cassé par celui du 18 avril 1845.

14. — Mais elle ne l'est pas pour l'exercice du droit qu'ont les propriétaires, possesseurs ou fermiers, de détruire les animaux déclarés malfaisants ou nuisibles.

Inst. du min. de l'int. du 20 mai 1844.

Foucart, *Droit administ.*, t. 1ᵉʳ, n° 256.

15. — Ni pour l'exercice du droit donné aux propriétaires de tuer les pigeons qui dévastent leurs récoltes. (L. du 4 août 1789, art. 2.)

Rouen, 14 février 1845. — S. 45. 2. 236. — D. 45. 2. 57.— P. 45. 2. 122.

16. — Il en est de même pour l'exercice du droit conféré par l'art. 12, tit. 2, l. du 28 septembre 1791, au propriétaire, détenteur ou fermier, de tuer la volaille qui cause du dommage à ses propriétés.

17. — Ceux qui ne chassent pas personnellement, mais qui prêtent simplement aide et assistance au chasseur, n'ont pas besoin d'un permis de chasse.

V. *infr.*, art. 5, n°ˢ 14 et s., et Gillon, p. 41.

18. — Avant la loi du 3 mai 1844, les diligences faites pour obtenir le permis de port-d'armes ne conféraient pas le droit de chasse avant d'avoir obtenu la délivrance du permis lui-même.

C. C. 24 décembre 1819. — S. 20. 1. 162. — D. 20. 1. 87. — P.

Id. 11 février 1820. — D. 1. 524. — P.

Id. 7 mars 1823. — S. 23. 1. 241. — D. 23. 1. 124. — P.

Grenoble, 26 novembre 1823. — D. 1. 524. — P.

C. C. 3 mars 1836. — D. 36. 1. 248. — P.

Id. 20 avril 1837. — D. 37. 1. 487. — P. 38. 1. 87.

Id. 16 mars 1844. — D. 44. 4. 65.

Ces arrêts seraient encore applicables depuis la loi du 3 mai 1844.

Berriat, p. 127.

Gillon, p. 224.

Championnière, p. 8.

19. — Jugé sous l'empire de cette loi, qu'un permis de chasse accordé par le préfet, si l'impétrant n'en a obtenu la délivrance et n'a acquitté les droits du permis, ne suffit pas pour l'autoriser à chasser.

Toulouse, 5 mars 1846. — S. 46. 2. 632. — P. 47. 2. 678.

§ 2. — Nul n'aura la faculté de chasser sur la propriété d'autrui sans le consentement du propriétaire ou de ses ayant-droit.

Grenoble, 10 février 1848. — P. 50. 1. 167.

V. en ce sens, une circ. du minist. de l'int. du 10 décembre 1844. — D. 45. 3. 4.

20. — Jugé en sens contraire, et avec raison, que l'on peut chasser du jour de la date apposée par le préfet au bas du permis.

Caen, 8 mai 1845.—D. 45. 4. 73.

Rouen, 18 décembre 1845. — D. 46. 4. 60.

Montpellier, 12 octobre 1846. — S. 47. 2. 546. — P. 47. 2. 679.

C. C. 24 septembre 1847. — S. 48. 1. 408. — D. 47. 4. 73. —P. 48. 1. 447.

21. — Et cela encore que l'impétrant auquel remise aurait été faite du permis, n'en aurait pas payé le prix, sauf répétition à cet égard contre lui, suivant les formes de droit.

Même arrêt du 24 sept. 1847.

N. B. Cette dernière question n'est plus de nature à se présenter.

V. infrà, art. 5, nos 9 et 10.

22. — Il n'est pas nécessaire que le chasseur soit porteur du permis au moment où il est requis d'en justifier ; il suffit qu'à ce moment le permis ait été délivré régulièrement.

C. C. 19 juin 1813. — P.

Id. 28 octobre 1820. Dalloz, Répertoire, nouv. édit., vo Chasse, no 233.

Bordeaux, 17 janvier 1839. — D. 39. 2. 72.

Champ., p. 86.

Berriat, p. 127.

Ce point ne saurait plus faire de difficulté sous l'empire de la loi actuelle.

Quant aux conséquences de cette omission d'être nanti du permis.

V. infrà, article 26, § 1er, nos 48, 49 et 50.

(ART. 1er, § 2.) 1. — La faculté de chasser dérive du droit naturel ; c'est un élément radical de la propriété.

Championnière, p. 4.

2. — Le droit de chasse appartient au propriétaire.

Petit, t. 1er, p. 228 et 225.

Gillon, p. 42.

3. — Lorsque la propriété est indivise, chacun des copropriétaires a le droit de chasse sur toute son étendue.

Gillon, p. 44.

Petit, t. 1er, p. 223.

Pérève, p. 198, n° 2.

4. — Mais il en serait autrement des propriétés communales ; les habitants considérés, *ut singuli,* ne pourraient s'attribuer un droit qui appartient à la commune, être moral.

Pérève, p. 201, n° 16.

Petit, t. 1er, p. 224.

Gillon, 2e suppl., p. 3, n° 10, et la décision par lui citée.

5. — Ce droit étant attaché à la possession et à la jouissance foncière, appartient à l'usufruitier.

Merlin, *Repert.*, v° *Chasse*, p. 218.

Proudhon, *Traité des droits d'usufruit*, etc., t. 3, n° 1209.

Favart de l'Anglade, v° *Chasse*, p. 490.

Duranton, t. 4, n° 285.

Troplong, *du Louage*, t. 1er, n° 38.

Toullier, t. 4, n° 19.

Championnière, p. 12.

Berriat, p. 128.

Gillon, p. 45.

Petit, t. 1er, p. 225 et ss.

Pérève, p. 176.

Ph. Dupin, *Journal des cons. municip.*, t. 2, p. 2.

6. — Mais il n'appartient pas à l'usager.

Proudhon, *Traité des droits d'usufruit*, etc., t. 7, n° 3181.

Id. *Traité du domaine privé*, t. 1er, n° 380.

Berriat, p. 129.

Gillon, p. 53, n° 23.

7. — A moins qu'il ne s'agisse d'un droit d'habitation sur une maison entière et l'enclos y attenant, cas auquel l'usager aurait le droit de chasse.

Gillon, p. 53, n° 24.

8. — Ainsi le droit de jouir d'une forêt et de l'exploiter, n'emporte pas le droit de chasse, surtout lorsque la concession remonte à une époque où ce dernier droit ne pouvait, comme féodal, être exercé par l'usager.

Metz, 26 février 1850. — S. 51. 2. 257. — D. 50. 2. 124.

9. — Ce droit n'appartiendrait pas non plus au créancier antichrésiste, les émoluments seuls lui en reviendraient s'il était affermé.

Championnière, p. 162.

V. en sens contr. Gillon, p. 45.

10. — Il n'appartiendrait pas davantage au nu-propriétaire, ni à celui qui en a fait cession à un tiers;

Merlin, *Répert.*, v° *Chasse*, p. 218.

Toullier, t. 4, n° 19.

Championnière, p. 12 et 13.

Berriat, p. 129.

Pérève, p. 178, n° 8.

11. — .... Ni au fermier dans le silence du bail.

Paris, 19 mars 1812. — S. 12. 2. 323. — D. 1. 512. — P.

Angers, 14 août 1826. — S. 27. 2. 4. — D. 27. 2. 6. — P.

C. C. 12 juin 1828. — S. 28. 1. 351. — D. 28. 1. 282. — P.

C. C. 4 juillet 1845. — S. 45. 1. 774. — D. 45. 1. 351. — P. 45. 2. 297.

Grenoble, 19 mars 1846. — S. 46. 2. 468. — D. 46. 2. 184. — P. 46. 2. 504.

V. en ce sens :

Merlin, *Quest. de dr.*, v° *Chasse*, § 3.

Favart de l'Anglade, *Répert.*, v° *Chasse*, n° 15.

Toullier, t. 4, n° 19.

Zachariæ, t. 3, § 366, note 2.

Troplong, *du Louage*, t. 1er, n° 161.

Foucart, *Droit administratif*, t. 1er, n° 301. (3e éd. à la note.)

Sebire et Carteret, *Encyclopédie du droit*, v° *Chasse*, n° 22.

Pérève, p. 179, 190 et 191.

Petit, t. 1er, p. 229 et ss.

Championnière, p. 13 et ss.

Berriat, p. 133.

Gillon, p. 45 et ss.

Loiseau et Vergé, *Code de la chasse*, p. 17.

Poullain, *Nouveau Code de la chasse*, p. 28.

Neveu Derotrie, *Commentaire des lois rurales*, p. 422.

12. — Au contraire, d'après certains auteurs, le fermier aurait le droit de chasse à l'exclusion du propriétaire, et cela par le motif que la chasse est un produit utile de la propriété, dont doit, dès-lors, profiter le fermier, comme il profite de tous les autres produits.

Duvergier, *du Louage*, t. 1er, n° 73.

Id. *Collect. des lois*, année 1844, p. 100.

Vaudoré, *Droit rural*, t. 2, n° 241.

Ph. Dupin, *Journ. des cons. municip.*, 2e année, p. 1.

De Gasparin, *Guide des propriétaires de biens ruraux*, p. 388.

13. — D'après un 3e système, le droit de chasse appartiendrait

concurremment au propriétaire et au fermier.

Duranton, t. 4, n° 286.

14. — Un 4° système distingue le cas où le bail comprend des bois, buissons et des terres vaines et vagues, de celui où il a pour objet des fonds en culture. Dans le 1er cas, le fermier ne peut prétendre au droit de chasse, attendu que ce droit n'a rien de commun avec les fruits du fonds affermé. Au second cas, au contraire, on ne doit pas refuser le droit de chasse au fermier.

Proudhon, *du Dom. privé*, t. 1er, n° 382.

15. — Le fermier a dans toute hypothèse le droit de détruire les animaux malfaisants ou nuisibles.

V. *infr.* art. 9, n° 28.

16. — C'est à l'aide de présomptions qu'on décidera si un bail comporte ou non, pour le fermier, le droit de chasse.

Championnière, p. 161.

17. — Ainsi, on a jugé que la location d'une maison d'habitation et d'un parc y attenant, le tout clos de murs, comprend au profit du locataire le droit de chasse.

Et que la réserve que fait le bailleur pour lui-même, de la faculté de chasser à des époques déterminées, n'implique pas nécessairement l'interdiction pour le locataire d'user du droit de chasse que lui assure l'état des lieux.

Paris, 17 août 1846. — P. 46. 2. 556.

18. — Avant 1789, le droit de chasse ne pouvait être affermé.

Arrêt de règl. du 3 oct. 1722.

Berriat, p. 130.

Gillon, p. 51.

19. — Il peut l'être depuis la loi du 4 août 1789. Des lois ou règlements spéciaux ont consacré cette faculté, soit au profit de l'Etat, soit au profit des communes et des établissements publics. (Décr. du 25 prair. an XIII et du 10 août 1807; lois du 24 avr. 1833, (Budget des recettes) art. 5. L. du 17 juillet 1837, art. 10, n° 6.)

Rouen, 9 nov. 1826. — D. 30. 2. 177. P.

Berriat, p. 130.

Gillon, p. 51.

20. — La permission de chasser et la cession du droit de chasse à titre gratuit confèrent un droit purement personnel; quand, au contraire, la chasse est cédée moyennant rétribution, c'est un bail qu'on peut céder à un autre. (C. civ. art. 1717.)

Gillon, p. 54.

V. *infr.* art. 11, § 2, n° 16.

21. — La permission donne le droit de chasser sans être inquiété; la cession confère le droit de chasse à l'exclusion de tous autres.

Petit, t. 1er, p. 252.

22. — Elle donne au cessionnaire, alors surtout qu'elle est faite à titre onéreux, le droit de porter plainte, en cas de délit de chasse.

Cour d'appel de Bruxelles, du 13 février 1836. — P.

23. — On doit considérer comme une véritable cession à titre onéreux, conférant droit exclusif de chasse, et non une simple permission, l'acte sous seing privé par lequel un individu cède le droit de chasse sur sa propriété, à la charge par le cessionnaire de faire surveiller les terres par des gardes, et de poursuivre à ses frais tous les délits qui y préjudicieraient. Il importe peu que cet acte soit ou non révocable à la volonté de chacune des parties.

Même arrêt.

24. — Tout propriétaire peut céder temporairement le droit de chasse qui lui appartient.

Championnière, p. 16.

Petit, t. 1er, p. 251.

25. — Une concession perpétuelle faite à un tiers étranger à la propriété, ne serait pas valable.

Proudhon, *du Dom. privé*, t. 1er, n° 387.

Merlin, *Répert.*, v° *Chasse.*

Duranton, t. 4, n° 292.

Petit, t. 1er, p. 257 et ss.

V. en sens contraire :

Amiens, 2 déc. 1835. — S. 36. 2. 198. — D. 36. 2. 29. — P.

Favard de l'Anglade, v° *Chasse*, p. 470.

Toullier, t. 4, p. 14, n° 19.

26. — Le droit de chasse sur un terrain est inséparable du droit de propriété, et celui qui s'en rendrait acquéreur n'aurait qu'un droit personnel contre son vendeur.

Merlin, *Répert.*, v° *Chasse.*

Proudhon, *du Dom privé*, t. 1er, n° 187.

Duranton, t. 4, n° 292.

Duvergier, *Collect. des lois*, an. 1844, p. 101.

Marcadé, t. 2, p. 682.

27. — Au contraire, il peut être séparé de la propriété et attribué à un tiers. C'est alors une servitude personnelle, un droit d'usage accordé à une personne déterminée.

Ducaurroy, *Commentaire théo-*
rique et pratique du Code ci-
vil, t. 2, p. 228. — Comment. de l'art. 686.

28. — Il peut aussi être attribué à un propriétaire voisin à
titre de servitude réelle inhérente
au fonds dominant.

Favart de l'Anglade, v° *Chasse,*
n° 470.

Toullier, t. 4, n° 19.

Gillon, p. 52 et 53.

29. — Jugé même que le vendeur peut se réserver, sur le fonds
vendu, le droit de chasse à per-
pétuité *pour lui, ses héritiers ou*
ayant-cause. Une telle réserve
ne présente ni le caractère du
droit de chasse supprimé par les
lois abolitives de la féodalité, ni
le caractère d'une servitude personnelle prohibée par le Code
civil, et cette clause est obligatoire pour les tiers acquéreurs
ultérieurs, comme pour le 1er
acquéreur. (C. c. 637 et ss.)

Amiens, 2 déc. 1835. — S. 36.
1. 298. — D. 36. 2. 29. —
P.

30. — La vente faite aux habitants d'une commune, du droit
de chasser sur un fonds une certaine espèce de gibier formant le
revenu principal de ce fonds (par
ex. des oiseaux de rivière), cons-

titue une vente de fruits et non la
cession d'un simple droit d'u-
sage.

Dès-lors, ce droit de chasse ne
saurait être soumis au cantonne-
ment.

Bordeaux, 17 mars 1847. — D.
47. 4. 68. — P. 48. 2. 651.

31. — Il en serait ainsi dan.
toute hypothèse lorsque, par
suite des changements fréquents
auxquels sont soumis les terrains
sur lesquels s'exerce cette chasse
spéciale, la limitation du droit de
la commune à une portion déterminée de terrain l'exposerait à
être tout-à-coup privée des avan-
tages de ce droit.

Même arrêt.

32. — Le droit de chasse sur
le terrain d'autrui ne saurait s'acquérir par prescription.

Metz, 26 février 1850. — S. 51.
2. 257. — D. 50. 2. 124.

Ph. Dupin, *Journ. des cons.*
municip., t. 2, p. 2.

Pérève, p. 271.

33. — Il ne peut non plus faire
l'objet d'une action possessoire.

Garnier, *Traité de la posses-*
sion et des actions posses-
soires, p. 339.

34. — Le consentement né-
cessaire pour chasser sur le terrain d'autrui est celui du proprié-

taire ou de ses ayant-droit, c'est-à-dire du possesseur du droit de chasse.

Camusat-Busserolles, p. 36 et 114.

35. — En cas d'incapacité du propriétaire, le consentement à ce que l'on chasse sur ses terres est donné par la personne investie de l'administration des biens de l'incapable.

Dalloz, *Répert.*, vᵒ *Chasse*. nᵒ 168.

36. — Le fermier n'ayant pas le droit de chasse pour lui, ne peut donner à un tiers la permission d'user de ce droit.

V. *infr.*, art. 26, § 2, nᵒ 27.

37. — L'autorisation de chasser dans une forêt communale ne peut être accordée par le maire. Une permission écrite, émanée de ce magistrat, ne saurait donc tenir lieu du consentement nécessaire pour chasser dans une telle forêt.

C. C. 5 février 1848. — S. 48. 1. 408. — D. 48. 1. 79. — P. 48. 1. 673.

N. B. L'opinion contraire émise par M. Dalloz, *Répert.*, vᵒ *Chasse*, nᵒ 169, ne saurait être adoptée.

38. — Ce n'est plus aux maires qu'il appartient d'affermer le droit de chasse, mais bien aux conseils municipaux. L'arrêté du 25 prairial an XIII, qui conférait ce droit aux maires, à la charge de faire approuver la mise en ferme par les préfets et par le ministre de l'intérieur, a été virtuellement abrogé par les art. 10, 11 et 17 de la loi du 18 juillet 1837.

Même arrêt du 5 février 1848.

39. — On ne peut chasser sur les biens de l'Etat ou des établissements publics, qu'avec l'autorisation délivrée par les préposés du domaine et les administrateurs de ces établissements, dans les formes réglées par la loi.

Dalloz, *Répert.*, vᵒ *Chasse*, nᵒ 169.

40. — Le consentement d'un ou de quelques-uns seulement des copropriétaires ne suffirait pas pour conférer à un tiers le droit de chasser sur une terre indivise.

Gillon, p. 44.

V. cependant en sens contraire : Petit, t. 1ᵉʳ, p. 300, et Dalloz, *Répert.*, vᵒ *Chasse*, nᵒ 166.

41. — Le consentement du propriétaire est exigé, quelque peu considérable que soit l'étendue de son terrain.

C. C. 25 avril 1828. — S. 29. 1. 46. — D. 28. 1. 227. — P.

Championnière, p. 11.

Gillon, p. 225, n° 267.

42. — Pour chasser sur une rivière non navigable ni flottable, il faut le consentement des propriétaires riverains.

Championnière, 61 et 62.

Gillon, p. 179.

Dalloz, *Répert.*, v° *Chasse*, n° 191, 3e alin.

43. — Il faut celui de l'Etat (ou de ses représentants) pour chasser sur un fleuve ou sur une rivière navigable ou bien flottable, ainsi que sur les îles et attérissements qui s'y forment.

Paris, 24 octobre 1844.

V. le *Droit* du 25 octobre 1844.

Metz, 5 mars 1845.

V. le *Droit* du 25 mars 1845.

Gillon, p. 179 et 1er suppl., p. 15.

Dalloz, *Répert.*, v° *Chasse*, n° 191.

V. en sens contraire :

Championnière, p. 61 et 62.

Suivant cet auteur, il n'est besoin dans ce cas d'aucune autorisation.

44. Le consentement du propriétaire à ce que l'on chasse sur son terrain, n'a pas pas besoin d'être exprès, encore moins d'être donné par écrit : les tribunaux ont le droit de décider, d'après les éléments de preuve existant dans chaque affaire, s'il y a eu ou non consentement du propriétaire.

C. C. 12 juin 1846. —S. 46. 1. 855. — D. 46. 4. 64. — P. 49. 1. 553.

Championnière, p. 94 et 160.

Petit, p. 252 et 298.

45. — Le propriétaire a le droit de chasse, mais il n'a aucun droit sur le gibier tué dans sa propriété non close.

Pérève, p. 344.

Petit, t. 1er, p. 13.

Championnière, p. 153.

Toullier, t. 4, n° 7.

Proudhon, *du Domaine de propriété*, t. 1er, n° 385.

Duranton, t. 4, n°s 275 et 283.

Dalloz, *Répert.*, v. *Chasse*, n° 172.

46. — Aussi est-ce à tort qu'un arrêt pose en principe que le concessionnaire d'un droit de chasse dans une forêt est assimilé au propriétaire, et a droit à la propriété de tout animal qu'un tiers y aurait tué.

Et que, par exception à ce principe, celui qui s'est rendu adjudicataire d'un droit de chasse dans une forêt, sous l'obligation de souffrir la destruction des animaux nuisibles, n'a aucun droit à la propriété d'un animal nuisible, tel qu'un sanglier, tué dans une battue ordonnée par l'administration supérieure pour la destruction de ces animaux.

C. C. 22 juin 1843. — S. 43. 1. 845. — D. 43. 1. 845. — P. 43. 1. 554.

V. cependant en ce sens : Chardon, p. 17 et ss.

47. — Ce n'est que par l'occupation qu'on devient propriétaire du gibier. Ainsi un animal blessé n'est à celui qui le poursuit qu'autant qu'il l'a pris. Si un autre s'en empare avant que celui qui l'a blessé l'ait atteint, il en devient propriétaire.

Pérève, p. 298.

Duranton, t. 4, nos 277 et 278.

48. — Le gibier blessé mortellement par un chasseur et qui va tomber sur le terrain d'autrui, lui appartient; il n'est pas nécessaire qu'il ait mis la main dessus. Le voisin, sur le terrain duquel est tombé le gibier, et qui s'en emparerait furtivement, s'exposerait à être condamné pour vol.

Rouen, 22 avril 1847, *Gazette des Trib.* du 24 avril 1847.

Gillon, 2e suppl., p. 23.

49. — Le gibier pris au piège appartient à celui qui a tendu le piège.

Pérève, p. 298.

Pothier, *Traité de la propriété,* no 25.

N. B. Cet auteur pense qu'il doit en être autrement lorsque le piège est tendu dans un lieu où l'on n'avait pas le droit de le tendre.

V. en ce sens :

MM. Lavallée et Bertrand, *Vademecum du chasseur,* p. 47.

Dalloz, *Répert.,* vo *Chasse,* no 175.

V. en sens cont. le fragment du jurisc. romain transcrit par Pothier, *loco cit.*

(L. 5 ff. *De acquir. rer. domin.*)

50. — Celui qu'un chien a pris appartient au maître du chien, et si un autre s'en empare, il commet un vol.

Pérève, p. 345.

51. — Lorsque l'animal ou l'oiseau pris viennent à s'échapper, ils appartiennent à celui qui s'en empare, s'ils sont assez loin du chasseur pour que la poursuite en soit difficile.

Pérève, p, 298.

52. — Ces principes ne sont pas applicables aux propriétés closes; il y aurait vol de la part de celui qui irait y tuer du gibier et qui s'en emparerait; le pro-

priétaire pourrait en demander la restitution ou la valeur.

Fournel, *Lois rurales*, t. 1, p. 29.

Pérève, p. 344.

Dalloz, *Rép.*, v° *Chasse*, n° 174.

N. B. En supposant, bien entendu, que la clôture et la nature du gibier sont tels que ce gibier ne peut sortir de l'enclos.

V. aussi *infr.*, art. 16, n°ˢ 26, 27 et 28.

53. — De même les lapins mis en garenne sont la propriété du maître de la garenne (art. 524, C. civ.). Celui qui les tue et s'en empare, ou qui les prend au furet, commet un vol.

Pérève, p. 305 et ss.

54. — Comme conséquence de son droit sur ces animaux, le propriétaire de la garenne ouverte est responsable du dommage qu'ils causent aux propriétés voisines.

C. C. 14 septembre 1816. — S. 17. 1. 377. — D. 17. 1. 82. — P.

55. — Cette responsabilité a lieu, soit que le propriétaire ait élevé ou conservé des lapins dans un bois à lui appartenant.

C. C. 22 mars 1837. — S. 37. 1. 298. — D. 37. 1. 285. — P. 37. 1. 371.

Id. 2 janvier 1839. — S. 39. 1. 26. — D. 39. 1. 103. — P. 39. 1. 351.

Id. 31 décembre 1844. — S. 45. 1. 360. — D. 45. 1. 76. — P. 45. 1. 728.

Id. 23 novembre 1846. — S. 47. 1. 288. — D. 47. 1. 29. — P. 47. 1. 410.

Id. 7 mars 1849. — S. 49. 1. 657. — D. 49. 1. 149. — P. 50. 1. 202.

Id. 7 novembre 1849. — S. 50. 1. 57. — D. 49. 1. 300. — P. 50. 1. 203.

56. — ..... soit qu'il ait simplement négligé de les détruire ou faire détruire.

C. C. 3 janvier 1810 — S. 10. 1. 109. — D. 10. 1. 38. — P.

V. aussi les arrêts précités des 2 janvier 1839 et 7 novembre 1849.

57. — Mais la responsabilité n'a lieu qu'autant qu'il s'agit de lapins de garenne ; elle cesse, si le propriétaire, loin d'avoir attiré les lapins, a tout fait pour les détruire, et donné à cet égard permission aux voisins, en telle sorte qu'il n'y ait aucune faute ou négligence à lui imputer.

C. C. 13 janvier 1829. — S. 34. 1. 812. — D. 29. 1. 102. — P.

58. — Le fait de fureter dans un bois pour y prendre des lapins (non tenus en garenne) sans la permission du propriétaire, ne

ART. 2. — Le propriétaire ou possesseur peut chasser ou faire chasser en tout temps, sans permis de chasse, dans ses possessions attenant⁻

---

constitue ni un vol, ni une tentative de vol, mais seulement un délit de chasse.

C. C. 13 août 1840. — D. 40. 1. 444. — P. 40. 2. 443.

Gillon, p. 223, n. 278.

59. — Les pigeons appartiennent aussi aux propriétaires des colombiers qu'ils habitent. (Art. 524, C. civ.)

Il y a vol de la part de celui qui, hors le temps où ces oiseaux doivent être renfermés et sont réputés gibier, en tue un ou plusieurs, même sur son terrain, et se les approprie contre le gré du propriétaire.

C. C. 20 septembre 1823. — S. 24. 1. 99. — D. 23. 1. 417. P. Orléans, 25 janvier 1842. — P. 42. 1. 369.

Pérève, p. 336, n°ˢ 15 et 338.

60. — Celui qui, dans les mêmes circonstances, aurait tué les pigeons d'autrui et les laisserait sur place, serait seulement passible des peines prononcées par l'art. 479, n° 1ᵉʳ, C. pén.

Chardon, p. 97.

Dalloz, *Répert.*, vᵒ *Chasse*, n° 196, 6ᵉ alinéa.

N. B. Il en serait de même, à plus forte raison, s'il s'agissait de volailles.

61. — Le propriétaire sur le fonds duquel des dommages ont été causés par des volailles, a, indépendamment du droit de les tuer (l. des 28 septembre, 6 octobre 1791, tit. 2, art 12), celui de réclamer la réparation de ces dommages contre le maître qui est aussi pour ce fait passible d'une amende de simple police.

C. C. 11 août 1808, 22 août 1816 et 18 nov. 1824. — S. 25. 1. 130. et 131. — D. 1. 423 et 25. 1. 86. — P.

V. en ce sens Toullier, t. 11, n° 301.

Et Merlin, *Répert.*, vᵒ *Volailles.*

N. B. Il en serait de même du dommage causé par les pigeons qu'on a aussi le droit de tuer à certaines époques.

(ART. 2) 1. — La loi du 30 avr. 1790 permettait (art. 13) de chas-

à une habitation, et entourées d'une clôture continue, faisant obstacle à toute communication avec les héritages voisins.

---

ser en tout temps dans les terrains clos de murs ou de haies vives.

Mais, pour exercer ce droit, le chasseur devait, aux termes de l'art. 1er du décret du 4 mai 1812, être muni d'un permis de port-d'armes toutes les fois que l'enclos n'était pas attenant à une habitation.

C. C. 7 mars 1823. — S. 23. 1. 241. — D. 23. 1. 124. — P.

Id. 21 mars 1823. — S. 23. 1. 242. — D. 23. 1. 125. — P.

Id. 23 février 1827. — S. 27. 1. 388. — D. 27. 1. 151. — P.

Id. 12 février 1830. — S. 30. 1. 236. — D. 30. 1. 123. — P.

Id. 13 avr. 1833. — S. 33. 1. 718. — D. 33. 1. 206. — P.

Id. 26 avr. 1839. — S. 39. 1. 774. — D. 39. 1. 344. — P. 39. 2. 414.

N. B. Un arrêt de la Cour de Paris du 6 nov. 1828 (S. 28. 2. 345. — D. 27. 2. 97. — P.) semble, par la généralité de ses termes, contredire les arrêts qui précèdent.

Mais il doit être restreint au cas qu'il prévoit, celui de chasse dans un enclos attenant à une habitation. En pareil cas, il était licite alors, comme il l'est encore aujourd'hui, de chasser sans permis.

V. l'arrêt précité du 21 mars 1823.

2. — A plus forte raison pouvait-on, dans le même cas, se livrer, sans permis de port-d'armes, à la destruction des animaux nuisibles.

C. C. 22 fév. 1822. — D. 1. 523.

3. — Le mot possesseur s'applique à toute personne jouissant, à un titre quelconque, d'une habitation et d'un enclos y attenant.

Championnière, p. 22.

4. — .... Et notamment à l'emphytéote et à l'usufruitier.

Berriat, p. 18.

5. — .... Et aussi au locataire ou fermier.

Arg. de l'arrêt de Paris du 17 août 1846, cité *supr.* art. 1er, § 2, n° 17.

6. — On peut chasser avec des

engins prohibés, dans un enclos attenant à une habitation.

Besançon, 18 janvier 1845. — S. 45. 2. 101. — D. 45. 2. 34. — P. 45. 2. 709.

Metz, 5 mars 1845. — S. 45. 2. 237. — P. 45. 2. 711.

Championnière, p. 124.

Berriat, p. 18 et 150.

V. aussi la discussion à la chambre des pairs, séance du 28 mars 1844, réponse de M. Franck Carré à M. de Ga-briac, *Monit.* du 29 mars, p. 758-59.

7. — Décidé en sens contraire.

C. C. 26 avril 1845. — S. 45. 1. 389. — D. 45. 1. 389. P. 45. 2. 709.

Dijon, 2 juillet 1845. — Journal des arrêts de la Cour de Dijon, année 1845, p. 146.

8. — On peut y chasser à toute heure du jour ou de la nuit et en toute saison.

Berriat, p. 18.

Gillon, 2e suppl., p. 7.

9. — C'est aux tribunaux à fixer le sens du mot habitation ; on ne peut étendre aux matières de chasse la définition donnée à l'occasion du vol, par l'art. 390 du Code pénal.

C. C. 7 mars 1823. — S. 23. 1. 241. — D. 23. 1. 124. — P.

Id. 20 juin 1823. — S. 23. 1. 383. — D. 1. 523. — P.

Championnière, p. 25 et 26.

Gillon, p. 64.

Berriat, p. 21.

10. — On ne peut considérer comme habitation, dans le sens de l'art. 2 de la loi du 3 mai 1844, une cabane en feuillage ou en pierre sèche servant d'abri ou de poste au chasseur pour épier et abattre le gibier.

C. C. 13 avril 1833. — S. 33. 1. 718. — D. 33. 1. 206. — P.

V. aussi les deux arrêts des 7 mars et 20 juin 1823, cités au n° précédent.

Et Camusat-Busserolles, p. 46.

11. — Bien plus, il ne suffit pas que dans le terrain clos il y ait une construction pouvant servir à l'habitation ; il faut que cette construction soit sinon actuellement habitée, au moins destinée à l'habitation.

C. C. 3 mai 1845. — S. 45. 1. 471. — D. 45. 1. 302. — P. 45. 2. 125.

Gillon, p. 60, 61 et 62.

Camusat - Busserolles, p. 46 et 47.

12. — Peu importe que la maison soit occupée par un fermier, par un garde ou par le propriétaire.

Gillon, p. 62.

Berriat, p. 21.

13. — Les modes de clôture variant à l'infini, on a dû se contenter d'une définition qui servît de règle aux tribunaux. Ceux-ci apprécieront souverainement si la clôture est tellement parfaite, qu'il soit impossible de s'introduire, par les moyens ordinaires, dans la propriété qui en est entourée.

Circ. du garde des sceaux du 9 mai 1844.

Championnière, p. 27.

Petit, t. 1er, p. 287.

Camusat-Busserolles, p. 50.

Berriat, p. 19.

14. — Il a du reste été formellement exprimé dans la discussion que les rédacteurs du projet n'avaient voulu s'en tenir ni à la définition du Code rural, ni à celle du Code pénal.

Berriat, p. 19.

Séance de la Chambre des pairs du 22 mai 1843. — Réponse de M. Franck Carré à M. Siméon. *Moniteur,* p. 1219.

15. La clôture doit être telle, que non-seulement on ne puisse entrer dans l'enclos, mais que l'on ne puisse apercevoir de l'extérieur le propriétaire chassant et constater du dehors le fait de chasse.

Camusat-Busserolles, p. 47 et 48.

16. — V. en sens contraire l'arrêt de Metz du 5 mars 1845, cité *supr.* n° 5, qui déclare licite un fait de chasse que le garde-champêtre avait pu voir et constater du dehors par-dessus la haie servant de clôture à la propriété.

17. — Il faut que la clôture interdise le passage soit aux chasseurs, soit aux chiens.

Camusat-Busserolles, p. 49.

18. — Sous l'empire de la loi de 1790, on ne considérait comme clôture, relativement à la chasse, que les murs et haies vives. (Art. 13.)

Ainsi on jugeait que l'on ne peut considérer comme un terrain clos dans lequel la chasse serait licite, sans permis de port d'armes (comme attenant à une habitation), le terrain qui n'est séparé des héritages voisins que par un simple fossé de quelques pieds d'ouverture.

C. C. 14 mai 1836. — S. 36. 1. 778. — D. 36. 1. 359. — P.

19. — Ou par des fossés anciens non entretenus, et dont il ne reste que des traces.

C. C. 28 mai 1836. — S. 36. 1.

778. — D. 36. 1. 290. — P.
20. —.... Ou par une rivière
navigable.

C. C. 12 février 1830. — S. 30.
1. 236. — D. 28. 1. 123. — P.
Duvergier, *Lois annotées,* 1844,
p. 105.
Gillon, p. 67, n° 55.
Pérève, p. 200, n° 9 et p. 274.
Berriat, p. 20.

21. —.... Ou par des fossés,
quelles qu'en soient d'ailleurs la
largeur et la profondeur.

Douai, 28 nov. 1842. — S. 43.
2. 82. — D. 43. 4. 68. — P.
45. 2. 654.
V. en ce sens :
Gillon, p. 67.

22. — Ces deux dernières décisions ne sauraient plus faire
autorité.
V. en ce sens, sur la 1ʳᵉ seulement de ces deux décisions,
Duvergier et Gillon, *loc. cit.*
et ce dernier, 2ᵉ suppl., p. 6.
Aussi a-t-on décidé, sous l'empire de la loi du 3 mai 1844, que
l'on doit considérer comme terrain clos dans lequel il est permis de chasser en tout temps,
l'héritage attenant à une habitation et dépendant d'un domaine
entouré de fossés de plusieurs
mètres de largeur, *quand même
il existerait à travers cet héritage*

*un chemin d'exploitation servant
par tolérance de passage au public.*

Douai, 9 nov. 1847. — S. 48. 2.
719. — D. 47. 4. 75. — P. 48.
2. 384.

23. — V. en sens contr. sur ce
dernier point, Berriat (p. 20) qui
pense qu'on ne peut réputer clos
un parc traversé par un chemin,
et Camusat-Busserolles (p. 48)
qui émet une opinion semblable,
même pour le cas où le chemin
serait fermé par une barrière
pouvant être franchie sans esca-
lade.

24. — On ne peut regarder
comme clos un terrain qui par
des *brèches,* des *échaliers* ou des
barrières ouvrant à volonté, offre
un libre accès au public.

Rennes, 11 nov. 1833. — S. 35.
2. 26. — D. 34. 2. 212. — P.
V. en sens contraire :
Paris, 6 nov. 1828. — S. 28. 2.
345. — D. 29. 2. 97. — P.

N. B. Dans l'espèce de ce dernier arrêt, il y avait cette circonstance particulière, dont la Cour
paraît cependant ne pas s'être
occupée, à savoir que devant
chaque brèche on avait creusé
un fossé.

25. — Il y aurait certainement
clôture au vœu de la loi si la pro-

priété était entourée de fossés larges et profonds, soit remplis d'eau, soit verticalement soutenus par des murs en maçonnerie, encore que ces murs ne s'élèveraient pas au-dessus du sol.

Gillon, p. 67.

26. — Ou si cette propriété se trouvait bornée au midi ·et au couchant par un mur, au levant par une haie et au nord par une grande route dont les berges ont sur ce point 4 mètres d'élévation.

Trib. de Marseille, 17 septembre 1844.

Dalloz, *Répert., nouv. éd.,* v° *Chasse,* n° 99, 2° alinéa.

27. — Il en serait de même d'une enceinte continue en murailles à pierres sèches ou haies faisant obstacle à toute communication avec les héritages voisins.

Limoges, 5 février 1848. — S. 48. 2. 152. — P. 48. 1. 382.

28. — Celui qui, de son enclos, tire sur du gibier se trouvant en dehors de cet enclos, commet le délit de chasse; pour que le fait de chasse autorisé par l'art. 2 de la loi du 3 mai 1844 soit licite, il faut que ce fait reçoive son entier accomplissement dans l'enceinte même de la clôture de l'habitation.

C. C. 14 août 1847. — S. 47. 1. 876. — D. 47. 1. 280. — P. 47. 1. 586.

Berriat, p. 19.

29. — Il n'y a pas délit de la part de celui qui, en temps prohibé, ayant blessé mortellement un animal dans un enclos où il avait le droit et la permission de chasser, va chercher cet animal qui est tombé en dehors de l'enclos sur un terrain dépouillé de ses récoltes, alors que pour entrer sur ce terrain il a déposé ses armes.

Amiens, 17 janvier 1842. — S. 42. 2. 104. — P. 45. 2. 709.

Berriat, p. 19.

Gillon, p. 231.

Pérève, p. 298, n° 8.

30. — Jugé de même pour le cas où le chasseur entrait sur le terrain avec son fusil déchargé.

Limoges, 5 février 1848. — S. 48. 2. 152. — P. 48. 1. 382.

31. — Celui qui, monté sur la haie d'un héritage clos et attenant à une habitation, tire dans cet héritage, du consentement et à l'instigation du propriétaire, une grive qui s'y trouve perchée sur un arbre, doit être réputé avoir chassé dans l'enclos dont la haie fait partie intégrante; dèslors, il ne peut être poursuivi

ART. 3. — Les préfets détermineront, par des arrêtés publiés au moins dix jours à l'avance, l'époque de l'ouverture et celle de la clôture de la chasse dans chaque département.

---

pour avoir en cette circonstance chassé sans permis.

Bourges, 8 mai 1845.

Arrêt cité par Gillon , 1er supplément, p. 6.

(ART. 3.) 1. — Les pouvoirs des préfets ne peuvent être délégués aux sous-préfets ni aux maires.

Championnière, p. 29.

Gillon, p. 78.

Pérève, p. 214, n° 19.

V. la discussion au *Moniteur* du 13 février 1844, p. 289.

2. — Pour le département de la Seine, et les communes de St-Cloud, Sèvres et Meudon, de celui de Seine-et-Oise, c'est le préfet de police qui fixe l'époque de l'ouverture et celle de la clôture de la chasse.

Berriat, p. 26.

3. — La publication des arrêtés préfectoraux, pris en matière de chasse, ne résulte pas de la seule insertion de ces arrêtés dans le mémorial administratif contenant les actes de la préfecture et de l'envoi de ce mémorial aux maires du département.

Il n'y a pas d'assimilation à faire entre la publication des lois et celle des arrêtés préfectoraux.

Nancy, 27 mars 1843. — P. 44. 2. 248.

C. C. 5 juillet 1845. — S. 45. 1. 776. — D. 45. 1. 377. — P. 45. 2. 707.

C. C. 28 novembre 1845. — S. 46. 1. 270. — D. 46. 4. 62. — P. 47. 1. 627.

4. — V. cependant en sens contraire :

Amiens, 7 avril 1838. — P. 48. 1. 590.

Besançon, 24 juin 1845. — P. 45. 2. 708.

5. — Jugé même que, aucune disposition législative n'ayant tracé de règle précise pour le mode de publication des arrêtés émanés des autorités administratives, il suffit que le fait de la publication soit établi par l'autorité administrative, chargée de

porter ces arrêtés à la connaissance des citoyens pour que ce
mode de publication ne puisse
être déclaré insuffisant par les
tribunaux;

Et que, lorsque le maire certi-
fie, même *ex post facto,* que l'arrêté préfectoral prohibitif de la
chasse en temps de neige a été
publié dans la commune, l'autorité judiciaire ne peut, sans em-
piéter sur les attributions de
l'autorité administrative, con-
tester le fait de la publication en
ce qu'il n'en aurait été, ni dressé procès-verbal, ni fait mention sur le registre de la commune.

C. C. 18 septembre 1847. —
D. 47. 1. 291. — P. 47. 1.
622.

6. — L'époque de l'ouverture
de la chasse peut varier non-seulement dans chaque département, mais encore dans chaque
arrondissement et même dans
chaque commune.

Gillon, p. 77.

Berriat, p. 24 et 25.

Championnière, p. 31.

Pérève, p. 214, n° 20.

Instruct. du min. de l'int. du
20 mai 1844.

Discussion au *Moniteur* du
13 février 1844, p. 289.

7. — Il en est de même pour
la clôture.

V. les autorités citées au n°
précédent, à l'exception de
Championnière qui pense
(loc. cit.) que le jour de la
clôture doit être le même
pour tout le département.

8. — Mais il n'est pas permis
aux préfets de différencier les
époques d'ouverture de la chasse
d'après la nature des cultures.

V. *infr.* n° 14.

9. — L'arrêté de révocation
d'un précédent arrêté qui fixe
l'ouverture de la chasse, n'est
exécutif qu'après 10 jours de
délai.

Berriat, p. 25 et 26.

10. — V. en sens contraire,
mais dans le cas où l'arrêté de
révocation intervient avant le
jour fixé pour l'ouverture :

Camusat-Busserolles, p. 52.

11. — Dans toute hypothèse,
il n'est exécutoire qu'autant qu'il
a été publié.

C. C. 4 janvier 1849. — D. 49.
5. 41.

12. — La révocation d'un arrêté pris par le préfet en matière de chasse, ne résulterait pas
d'un acte fait par ce fonctionnaire dans un intérêt purement
local, par exemple l'approbation

qu'il donnerait à une adjudication de droit de chasse sur des terrains communaux.

V. *infr.* art. 9, n° 48.

13. — Quand un arrêté détermine la clôture de la chasse à compter d'un jour fixé, ce jour est compris dans l'interdiction.

C. C. 7 septembre 1833. — S. 33. 1. 882. — D. 33. 1. 362. — P.

Championnière, p. 29.

Gillon, p. 82 et 83.

Berriat, p. 24.

Petit, t. 1er, p. 284.

14. — Les préfets ne peuvent, par leurs arrêtés d'ouverture de chasse, interdire aux propriétaires le droit de chasser sur leurs terres non dépouillées de leurs fruits.

Rouen, 25 octobre 1844. — S. 45. 2. 359. — P. 45. 2. 715.

Poitiers, 16 novembre 1844.— S. 45. 2. 235. — D. 45. 2. 24. — P. 45. 1. 360.

Douai, 25 novembre 1844. — S. 45. 2. 235, à la note.

Paris, 7 décembre 1844. — S. *ibid*..... D. 45. 4. 81. — P. 45. 2. 260.

C. C. 18 juillet 1845. — S. 45. 1. 857. — D. 46. 1. 19. — P. 45. 2. 505.

Nîmes, 8 janvier 1846. — S.

46. 2. 156. — P. 46. 2. 18.

Orléans. 10 mars 1846. — P. 48. 2. 460.

Gillon, p. 327, n° 428, et p. 328, à la note.

15. — V. en sens contraire :

Orléans, 22 octobre 1844. — S. 45. 2. 235. —D. 45. 4. 80. — P. 45. 1. 11 et 13.

Berriat, p. 327.

16. — Jugé également que le préfet peut interdire la chasse dans une certaine partie du territoire, celle emplantée en vignes, jusqu'après la récolte.

Paris, 9 janvier 1846. — D. 46. 2. 30. — P. 46. 1. 25.

Paris, 26 nov. 1846. — P. 46. 2. 661.

17. — Un tel arrêté n'empêche pas que le fait qu'il prohibe ne puisse devenir licite avec le consentement des propriétaires.

V. *infr.* art. 26, § 2, n° 29.

18. — Et à défaut de ce consentement, la peine à infliger au délinquant qui a chassé dans ces récoltes est celle de l'art. 11 et non celle de l'art. 12 applicable au fait de chasse en temps prohibé.

V. *infr.* art. 12, § 1er, n° 9.

19. — L'autorité municipale peut, dans l'intérêt de la sûreté et de la tranquillité des campa-

ART. 4. — Dans chaque département, il est interdit de mettre en vente, de vendre, d'acheter, de transporter et de colporter du gibier pendant le temps où la chasse n'y est pas permise.

En cas d'infraction à cette disposition, le gibier sera saisi et immédiatement livré à l'établissement de bienfaisance le plus voisin, en vertu soit d'une ordonnance du juge de paix, si la saisie a eu lieu au chef-lieu de canton, soit d'une autorisation du maire, si le juge de paix est absent, ou si la saisie a été faite dans une com-

---

gnes, prendre un arrêté pour défendre de chasser sur le territoire de la commune, jusqu'à la clôture du ban de vendange, à une certaine distance des vignes.

C. C. 27 nov. 1823. — P.

Id. 3 mai 1834.—S. 34. 1. 587. D. 34. 1. 312. — P.

Id. 4 septembre 1847.—S. 48. 1. 409. — D. 47. 4. 32.— P. 48. 2. 47.

V. en ce sens Gillon, p. 80.

20. — Elle peut aussi défendre, *pendant un temps limité,* la divagation des chiens dans certaines récoltes.

C. C. 16 décembre 1826.— D. 27. 1. 363. — P.

21. — Prescrire d'attacher un bâton au col de ces animaux pendant le temps des vendanges.

C. C. 10 janvier 1834.—S. 34. 1. 264. — D. 34. 1. 169.— P.

N. B. Les contraventions à ces arrêtés seraient punies de peines de simple police, conformément aux dispositions de l'art. 471, n° 15 du Code pénal.

(ART. 4.) 1.—L'interdiction du transport du gibier en temps prohibé est tellement absolue, que le transport est illicite et doit être puni, quoique la chasse soit ouverte dans le lieu du départ et dans celui de la destination, si

mune autre que celle du chef-lieu. Cette ordonnance ou cette autorisation sera délivrée sur la
requête des agents ou gardes qui auront opéré
la saisie, et sur la présentation du procès-verbal
régulièrement dressé.

La recherche du gibier ne pourra être faite à
domicile que chez les aubergistes, chez les marchands de comestibles et dans les lieux ouverts
au public.

Il est interdit de prendre ou de détruire, sur
le terrain d'autrui, des œufs et des couvées de
faisans, de perdrix et de cailles.

---

elle ne l'est pas dans le lieu in-
termédiaire où la saisie a été
opérée.

Paris, 22 novembre 1844. —
S. 45. 2. 104. — D. 45. 2.
36. — P. 45. 2. 258.

Solut. minist. n° 11. — S. 46.
2. 337.

V. aussi *infrà,* n° 19.

2. — Le transport diffère du
colportage, en ce que ce dernier
mode a lieu avec l'intention de
vendre, ce que ne comporte pas
nécessairement le premier.

Championnière, p. 33.
Gillon, p. 90.

3. — On entend par gibier les
animaux sauvages et les oiseaux
que l'on prend à la chasse et dont
la chair est bonne à manger.

Merlin, *Répert.,* v° *Gibier.*
Berriat, p. 40.
Petit, t. 1er, p. 33.

4. — Les loups, renards, blaireaux, putois, fouines, martres,
etc., quoique gibier dans la lan-
gue du chasseur, n'ont pas ce
caractère dans la loi nouvelle
dont l'objet est la conservation
du gibier.

Championnière, p. 34.

5. — Aussi a-t-il été jugé que
le transport des animaux tués,
alors qu'ils portaient dommage

aux propriétés, est permis en tout temps.

> Jugement du Tribunal de St-Mihiel, du 6 décembre 1844.
> V. le *Droit* du 8 février 1845.
> Et Gillon, 1er supplément, p. 10.

6.—Mais l'on n'a point étendu cette règle aux lapins, bien qu'ils fussent classés par le préfet au nombre des animaux nuisibles.

Ils sont toujours dans ce cas réputés gibier, et le transport en est défendu dans le temps où la chasse est close.

> Amiens, 9 mai 1845.
> Voir le *Droit* du 20 mai 1845.
> Et Gillon, 1er supplément, p. 10.

7. — Il en est ainsi surtout lorsque ces animaux ont été tués au fusil contrairement aux dispositions de l'arrêté qui, les considérant comme malfaisants, permet de les prendre en tout temps avec des bourses et des furets.

> Paris, 12 novembre 1845. — D. 45. 4. 73.

8. — V. cependant M. Camusat-Busserolles (p. 62) qui pense que le transport, en temps prohibé, d'un animal classé comme nuisible, est interdit soit au propriétaire ou fermier qui ont le droit de le tuer en toute saison, soit à un tiers étranger à la propriété.

9. — Lorsqu'au lieu d'un simple transport il y a eu colportage et mise en vente d'un animal déclaré nuisible par arrêté du préfet (dans l'espèce un blaireau), ces faits sont passibles des peines portées par la loi pour colportage et mise en vente de gibier, alors surtout qu'ils sont imputables à un tiers complètement étranger à la propriété sur laquelle cet animal a été tué ou trouvé mort.

> Jugement inédit du Tribunal correctionnel d'Autun, du 23 avril 1846. (Aff. Charles.)

10. — Ne peuvent être considérés comme gibier les animaux qui, sauvages de leur nature, ont été apprivoisés ou élevés comme animaux domestiques.

> Championnière, p. 34.

11. —Le mot gibier ne saurait non plus comprendre des animaux domestiques tels que des lapins de clapiers dont le transport est en tout temps permis.

> Bordeaux, 12 févr. 1845. — D. 45. 4. 72. — P. 45. 2. 233.

12. — Cette qualification ne s'applique pas davantage aux oiseaux de volière dits de chant ou de plaisir, tels que rossignols,

fauvettes, etc.; on peut les vendre et transporter en tout temps.

Berriat, p. 40 et 125.

Camusat-Busserolles, p. 38.

13. — Le transport du gibier vivant peut s'effectuer d'un lieu dans un autre, en temps prohibé, lorsqu'il s'agit de repeuplement ou de changement de domicile, à la charge de faire constater l'origine du gibier et le but du transport.

Solut. minist. n° 13. — S. 46. 2. 342.

V. en sens contraire :

Berriat, p. 38.

Gillon, p. 98 et 99.

Camusat-Busserolles, p. 60 et 61.

14. — Décidé dans ce dernier sens que le transport du gibier vivant ne peut s'effectuer en temps prohibé, quand même il le serait dans un but de pur agrément, par ex. s'il s'agissait d'alouettes en cage.

Jugement du Trib. de Lille, du 20 juillet 1844, cité par Gillon, p. 99.

15. — La prohibition de mise en vente, vente, transport, etc., s'applique au gibier cuit comme au gibier cru.

Duvergier, *Collect. des lois,* an. 1844, p. 112.

Gillon, p. 99.

Berriat, p. 39.

Camusat-Busserolles, p. 61.

16. — Néanmoins les conserves de gibier et autres préparations analogues peuvent être vendues dans un temps où la chasse est interdite.

C. C. 21 décembre 1844. — S. 45. 1. 107. — D. 45. 1. 113. — P. 45. 1. 374.

Championnière, p. 35.

Gillon, p. 100.

Berriat, p. 39.

17. — Il en serait de même du gibier mis dans un pâté.

Berriat, *loc. cit.*

Championnière, *ibid.*

V. en sens contraire sur ce dernier point :

Gillon, p. 99.

Petit, t. 3, p. 39.

18. — Le gibier d'eau et les oiseaux de passage peuvent être vendus et transportés pendant le temps où la chasse est permise par les arrêtés des préfets, lors même que la chasse et conséquemment la vente et le transport du gibier ordinaire seraient interdits.

Circ. du garde des sceaux du 9 mai 1844.

Berriat, p. 39.

Camusat-Busserolles, p. 62.

19. — Mais le transport du gibier de passage dont la chasse est permise dans un département, est punissable s'il a lieu au travers d'un département où cette chasse n'est pas autorisée.

Jugement du Trib. de la Seine, du 8 mai 1846, rapporté dans le *Droit,* et cité par Gillon, 2e suppl., p. 9.

20. — La mise en vente du gibier pris ou présumé pris au filet ou au moyen de tout autre engin (pendant le temps où la chasse est permise), n'est point réprimée par la loi, et cela alors même qu'un arrêté préfectoral interdirait cette mise en vente.

Un tel arrêté dépassant les attributions de l'autorité administrative, n'est pas obligatoire pour les tribunaux.

Grenoble, 26 décembre 1844. S. 45. 2. 105. — D. 45. 2. 43. — P. 45. 2. 120.

Solut. minist. n° 8. — S. 46. 2. 341.

21. — La vente, l'achat et le colportage du gibier peuvent avoir lieu pendant le temps de neige où la chasse se trouve temporairement prohibée par un arrêté préfectoral pris en vertu de la disposition finale de l'art. 9 de la loi du 3 mai 1844 ; la prohibition contenue dans l'art. 4 est restreinte au cas où la chasse n'est pas encore ouverte, c'est-à-dire à celui qui s'écoule entre l'arrêté de clôture et celui d'ouverture de la chasse que les préfets doivent prendre chaque année aux termes de l'art. 3.

C. C. 22 mars 1845. — S. 45. 1. 286. — D. 45. 1. 144. — P. 45. 2. 49.

Id. 18 avril 1845. — S. 45. 1. 470. — D. 45. 1. 209. — P. 45. 2. 49.

Id. même date. — S. *ibid.* — D. 45. 4. 72. — P. 45. 2. 281.

Rennes, 6 mars 1850. — P. 50. 2. 478.

22. — Il en serait de même, alors que l'arrêté préfectoral contiendrait non une prohibition momentanée et locale, mais une prohibition générale et permanente.

Même arrêt du 18 avril 1845. — S. 45. 1. 470. — D. 45. 1. 209. — P. 45. 2. 49.

23. — Lorsqu'avant l'époque fixée par un 1er arrêté pour la clôture de la chasse, le préfet proroge par un 2e arrêté la faculté de la chasse à courre, le gibier qui fait l'objet de ce genre de chasse (un lièvre) peut, pendant le délai de la prorogation,

être licitement transporté sans qu'il y ait lieu d'en rechercher l'origine, alors même que le 2ᵉ arrêté, tout en permettant la chasse à courre, défend formellement aux chasseurs de se munir de fusils ou autres armes à feu.

Besançon, 24 juin 1845. — P. 45. 2. 708.

24. — Les prohibitions de l'art. 4 sont absolues et ne permettent pas qu'on recherche l'origine du gibier ; ainsi peu importe que ce gibier vienne d'un terrain clos, de l'étranger ou d'un département dans lequel la chasse est ouverte.

Championnière, p. 35.

Berriat, p. 38.

Gillon, p. 91 et ss., et p. 100.

Camusat-Busserolles, p. 60.

Pérève, p. 327.

N. B. L'exception faite autrefois pour le gibier provenant des propriétés de la couronne ne subsiste plus.

V. *infrà,* art. 30, nᵒˢ 8 et 10.

25. — En temps prohibé, lorsque du gibier venant de l'étranger est déclaré au 1ᵉʳ bureau de la douane, il est refusé et réexporté.

Instr. du direct. général des douanes, du 30 juin 1844.

26. — S'il en est présenté à un bureau de sortie pour l'exportation, les employés des douanes ne peuvent en opérer la saisie ; ils doivent conduire le déclarant devant le maire, qui procèdera conformément aux dispositions de la loi du 3 mai 1844.

Même instruction.

27. — Le gibier qui circule dans le rayon frontière de la douane suit le régime du prohibé pendant tout le temps où la chasse est fermée. On applique suivant les cas, soit les dispositions des art. 1ᵉʳ du titre 5 de la loi du 22 août 1791 et 10 du titre 2 de la loi du 4 germinal an 2, soit celles des art. 38, 41 et ss. de la loi du 28 avril 1816, et 15 de celle du 27 mars 1817.

Même instruction.

28. — Lorsqu'il n'existe pas d'établissement de bienfaisance dans la commune où du gibier a été saisi et que ce gibier doit être envoyé à distance à l'établissement le plus voisin, les frais de transport doivent être supportés par l'établissement, *s'il consent à le recevoir.*

Solut. minist., nᵒ 9.—S. 46. 2. 344.

29. — Ils seraient, d'après un auteur, compris dans les dépens et supportés par la partie con-

damnée : en cas de saisie sur un inconnu, ils demeureraient à la charge de l'Etat. Dans l'un et l'autre cas, l'administration de l'enregistrement en ferait les avances.

Berriat, p. 153 et 154.

30. — Si la distance était telle que ce gibier ne pût arriver en bon état à l'établissement de bienfaisance, il pourrait être distribué aux familles nécessiteuses de la localité.

Berriat, p. 41.

31. — Lorsque du gibier vivant est saisi en temps prohibé, il doit être mis en liberté au lieu d'être livré à l'établissement de bienfaisance le plus voisin.

Solut. minist., n° 12. — S. 46. 2. 337.

32. — Si après la saisie du gibier et sa remise à l'établissement de bienfaisance, le marchand ou le colporteur de gibier était acquitté, il n'y aurait aucun recours à exercer de la part de celui-ci, ni contre l'établissement de bienfaisance, ni contre le fonctionnaire qui l'aura opérée ou sanctionnée, à moins qu'il n'y ait de la part de ce dernier forfaiture bien caractérisée.

Pérève, p. 331.

33. — Le gibier ne doit pas être saisi sur le chasseur ; il ne doit l'être que dans les cas prévus par l'art. 4, mise en vente, transport ou colportage.

Discussion à la chambre des pairs, réponse de M. Persil à M. de Coigny, séance du 23 mai 1843. — *Moniteur,* p. 1237.

Gillon, p. 106.

Berriat, p. 42 et 178.

Camusat-Busserolles, p. 64.

34. — Le domicile des particuliers est seul à l'abri des recherches ; on peut hors du domicile faire des perquisitions dans les voitures et sur les personnes indistinctement, en y mettant toutefois la plus grande circonspection.

Berriat, p. 42.

35. — Les employés des contributions indirectes doivent saisir le gibier que dans le cours de leur surveillance ils verraient transporter, mais seulement si le transport a lieu à découvert, sans qu'ils aient à fouiller ou à visiter les personnes.

Circ. du direct. génér. de l'admin. des contrib. indirectes, du 25 juin 1844.

36. — Les employés des octrois et ceux des contributions indirectes ne sont chargés de

constater les délits de chasse que lorsqu'ils les découvrent dans l'exercice des fonctions auxquelles ils sont préposés.

Même circulaire.

Gillon, p. 103.

Pérève, p. 328 et 329.

37. — Ainsi ces derniers ne pourraient pas se livrer à des perquisitions chez les débitants abonnés ou rédimés qui sont affranchis des visites journalières des employés, à moins qu'il n'y eût soupçons de fraude, et perquisitions exceptionnellement autorisées.

Même circulaire.

Pérève, p. 328.

38. — On peut acheter, vendre, transporter et colporter des œufs de perdrix, faisans et cailles ; ce n'est que la prise ou la destruction sur le terrain d'autrui qui est interdite.

Championnière, p. 36 et 37.

Gillon, p. 112.

Pérève, p. 322, n° 15.

39. — Celui qui détruirait ou prendrait sur le terrain d'autrui des œufs et couvées d'autres oiseaux, serait passible d'une action en dommages et intérêts de la part du propriétaire du terrain.

Berriat, p. 43.

N. B. Il pourrait même, aux termes de l'art. 11, 3°, être poursuivi pour contravention à l'arrêté qu'aurait pris le préfet pour défendre la destruction des oiseaux.

40. — Les préfets ont le droit d'étendre aux œufs et couvées des oiseaux de tout genre la prohibition portée à l'égard des œufs et couvées de faisans, de cailles et de perdrix, s'ils le croient nécessaire pour empêcher la destruction des oiseaux.

Circ. du garde des sceaux du 9 mai 1844.

41. — Notre art. n'est pas applicable à l'Algérie où la loi du 3 mai 1844 n'a pas été promulguée.

En conséquence, les arrêtés du directeur général des affaires civiles de l'Algérie, qui prohibent dans l'arrondissement d'Alger l'introduction, la vente et le colportage du gibier pendant un temps déterminé, ne sont pas obligatoires, et ceux qui y contreviennent ne sont passibles d'aucune peine.

C. C. 17 novembre 1849. — D. 50. 5. 19. — P. 50. 1. 34.

Art. 5. — Les permis de chasse seront délivrés, sur l'avis du maire et du sous-préfet, par
le préfet du département dans lequel celui qui en
fera la demande aura sa résidence ou son domicile.

La délivrance des permis de chasse donnera
lieu au paiement d'un droit de 15 francs au profit
de l'Etat, et de 10 francs au profit de la commune
dont le maire aura donné l'avis énoncé au paragraphe précédent. [1]

Les permis de chasse seront personnels; ils seront valables pour tout le royaume et pour un
an seulement.

(Art. 5.) 1. — L'avis du maire
et du sous-préfet ne doit conte-
nir que l'énonciation des conditions exigées par la loi pour l'obtention d'un permis de chasse;
cet avis ne peut être refusé.

Championnière, p. 39.

2. — Au reste, le refus du
maire ne ferait pas obstacle à la
délivrance du permis.

Solut. minist., n° 2. — S. 46.
2. 339.

3. — Et le maire qui abuserait
de son autorité au point de re-
tenir au-delà du jour fixé pour
l'ouverture de la chasse un permis à lui envoyé pour qu'il en
fît la délivrance au chasseur,
s'exposerait à une demande en
dommages et intérêts.

---

[1] L'Assemblée législative, dans sa
séance du 23 juin 1851, a pris en consi-
dération une proposition de M Baze, tendant à restreindre à 15 francs le prix des
permis de chasse. Depuis le renvoi de cette
proposition à l'examen de la commission,
un amendement s'est produit à l'effet
d'exiger que ceux qui chassent autrement
qu'à tir et à courre, soient munis d'un
permis qui coûterait seulement 5 francs.

Gillon, 2ᵉ supplém., p. 10.

4. — Lorsque les avis sont favorables, ils doivent exprimer qu'il n'est pas à la connaissance des fonctionnaires de qui ils émanent que l'impétrant se trouve dans aucune des catégories pour lesquelles le permis ne pourrait être délivré. Si les avis sont défavorables, ils doivent exprimer que l'impétrant se trouve à leur connaissance dans telle ou telle position qui fait obstacle à la délivrance d'un permis de chasse.

Inst. du minist. de l'int. du 20 mai 1844.

5. — Les permis de chasse sont délivrés par le préfet de police pour tout le ressort de la préfecture.

Pour les personnes qui habitent Paris, on prend l'avis des commissaires de police. Mais dans les arrondissements de Sceaux et de St-Denis, on rentre dans la règle générale qui prescrit l'avis du maire et du sous-préfet.

Gillon, p. 130 et 131.

V. également Berriat, p. 48.

6. — Les demandes de permis de chasse ou renouvellement de permis doivent être formulées sur papier timbré.

Solut. minist., nº 1ᵉʳ. — S. 46. 2. 338.

Circ. du minist. de l'int. du 20 mai 1844.

Circ. du minist. des finances du 28 août 1849.

Id. du minist. de l'int., 5 sept. 1849.

V. Gillon, 2ᵉ supplém., p. 10.

7. — La demande est adressée au maire de la commune où l'impétrant a son domicile ou au moins sa résidence.

Le fait de ce domicile ou de cette résidence doit être justifié au maire.

Instr. du minist. de l'int. du 20 mai 1844.

8. — A Paris, la demande est adresée au commissaire de police.

Dans les arrondissements de Sceaux et de St-Denis (et dans les autres parties du ressort de la préfecture de police, excepté Paris), on s'adresse au maire.

Gillon, p. 131.

9. — Celui qui a obtenu un permis de chasse et qui refuse de prendre ce permis, ne peut être contraint de payer le droit attaché par la loi à la délivrance de ce permis.

Toulouse, 5 mars 1846. — S. 46. 2. 632. — P. 47. 2. 678.

Circ. du minist. de l'int. du 10

décembre 1844. — S. 46. 2.
631, à la note.

N. B. La question n'est plus de nature à se présenter.

10. — En effet, avant de former sa demande, l'impétrant doit consigner les droits d'obtention de permis à la caisse du percepteur, et la quittance de celui-ci doit accompagner la demande.

Circ. du minist. de l'int. du 30 juillet 1849. — D. 49. 3. 63.

11. — La quittance, qui ne peut jamais servir pour chasser, doit être présentée au préfet dans le mois de sa date. Passé ce délai, elle n'est plus valable, sauf au préfet à ordonner le remboursement de la somme avancée, dans le cas où il n'aurait pas été donné suite à la demande par suite d'empêchements réels qui devront être constatés par un certificat du maire.

Ce remboursement ne pourra être réclamé que dans les trois mois du versement.

Même circulaire.

12. — Lorsqu'un permis de chasse est demandé par un garde particulier, à raison de propriétés situées dans une commune autre que celle où le garde a son domicile, l'avis à donner sur cette demande doit l'être par le maire du domicile du garde, et non par celui de la commune où sont situées les propriétés à garder.

Solut. minist. n° 17. — S. 46. 2. 344.

13. — Les permis de chasse ne sont pas délivrés aux étrangers n'ayant pas une résidence fixe en France, non plus qu'à ceux qui, résidant en France, sont pour cause politique soumis à la surveillance.

Solut. minist. n° 4. — S. 46. 2. 337.

14. — En cas de perte d'un permis de chasse, il faut en demander un nouveau ; on ne peut le remplacer ni par un duplicata, ni par un certificat constatant sa délivrance.

Solut. min. n° 3. — S. 46. 2. 339. Gillon, p. 123.

15. — Bien que les permis de chasse soient personnels, cependant, lorsque certains procédés de chasse (les sauterelles ou raquettes), dûment autorisés par le préfet, exigent la coopération de plusieurs personnes, le porteur du permis peut se faire aider par des auxiliaires non pourvus d'un permis de chasse.

Nancy, 7 nov. 1844. — S. 45. 2. 103. — D. 45. 4. 75. — P. 45. 2. 129.

Id. 25 nov. 1844. — S. 45. 2. 103. — D. 45. 4. 76. — P. 45. 2. 130.

Id. 11 décembre 1844. — D. 45. 2. 4.

C. C. 8 mars 1845. — S. 45. 1. 315. — D. 45. 1. 172. — P. 45. 2. 131.

16. — Il en est ainsi notamment lorsqu'il s'agit de la chasse aux alouettes.

Agen, 3 février 1847. — D. 47. 4. 71. — P. 47. 1. 754.

17. — De même des traqueurs, ne se livrant pas personnellement à l'exercice de la chasse, n'ont pas besoin d'être munis d'un permis.

Nancy, 11 décembre 1844. — D. 45 2. 4.

Paris, 26 avril 1845. — S. 45. 2. 359. — P. 45. 2. 131.

18. — Cette exception au principe, que nul ne peut chasser sans permis, est inapplicable à celui qui, dans une chasse n'exigeant pas le concours d'auxiliaires (une chasse aux lapins), bat des cépées et des broussailles avec un bâton pour en faire sortir le gibier et le faire passer devant un chasseur armé d'un fusil qui doit le tirer.

Rouen, 10 décembre 1846. — D. 47. 4. 72. — P. 49. 1. 127.

19. — Elle doit être restreinte au seul cas où le porteur du permis est seulement aidé ou suppléé dans l'emploi du procédé de chasse qu'il dirige et soigne lui-même; mais elle cesse d'être applicable toutes les fois que la chasse est organisée et soignée habituellement par un homme à gages, et seulement visitée accidentellement par le maître muni d'un permis.

Nancy, 25 nov. 1844. — S. 45. 2. 103. — D. 45. 4. 76. — P. 45. 2. 130.

20. — Elle cesse de l'être à plus forte raison lorsque la personne chasse elle-même et ne se borne pas à un aide ou à une surveillance.

Par exemple, quand c'est une femme qui chasse aux alouettes, munie du permis de son fils absent.

Toulouse, 8 janvier 1846. — D. 47. 4. 71. — P. 47. 1. 477.

21. — Un piqueur, bien qu'il n'ait pas d'armes et soit seulement muni d'un cor et d'un fouet, ne saurait être mis sur la même ligne que les traqueurs ; il fait personnellement acte de chasse et doit être muni d'un permis.

Orléans, 12 mai 1846. — *Gaz. des Trib.* du 12 juin 1846.

C. C. 18 juillet 1846. — *Id....* du 19 juillet 1846.

Trib. de Bordeaux, 4 février 1848. — *Droit* du 10 février 1848.

Gillon, 2ᵉ supp., p. 20.

22. — La durée d'un an que la loi accorde au permis de chasse commence à courir du jour même de la date apposée par le préfet au permis, et non pas seulement du jour de la délivrance par le percepteur.

Toulouse, 5 mars 1846. — S. 46. 2. 632. — P. 46. 2. 678.

C. C. 24 sept. 1847. — S. 48. 1. 406. — D. 47. 4. 72. — P. 48. 1. 446.

Bourges, 23 sept. 1847. — S. 48. 2. 234. — P. 48. 1. 649.

Limoges, 19 janvier 1848. — S. 48. 2. 97. — P. 48. 1. 446.

C. C. 4 mars 1848. — S. 48. 1. 406. — D. 48. 1. 46. · P. 49. 1. 622.

Angers, 8 janvier 1849. — S. 49. 2. 112. — D.. 49. 2. 47. — P. 49. 1. 253.

C. C. 7 juillet 1849. — S. 50. 1. 240. — D. 49. 5. 41. — P. 50. 1. 167.

V. cependant en sens contraire :

Bordeaux, 4 février 1846. — S.

46. 2. 240. — D. 46. 4. 60. — P. 46. 1. 741.

Grenoble, 10 fév. 1848. — P. 50. 1. 167.

23. — Jugé également que l'année pendant laquelle ce permis est valable, commence du jour de la date apposée au permis, et que ce jour est compris dans l'année.

C. C. 17 mai 1828. — S. 28. 1. 332. — D. 28. 1. 248. — P.

Douai, 14 décembre 1837. — arrêt cité par M. Petit, t. 1ᵉʳ, p. 312.

Grenoble, 11 nov. 1841. — D. 42. 2. 139. — P. 42. 1. 274.

V. aussi *supr.* art. 1ᵉʳ, nº 15, les arrêts cités et notamment l'arrêt du 24 septembre 1847.

V. en ce sens Gillon, p. 130.

Petit, t. 1ᵉʳ, nᵒˢ 307 à 317.

24. — Jugé, au contraire, que le jour de la délivrance du permis ne doit pas être compris dans le laps d'une année fixé pour sa durée.

C. C. 22 mars 1850. — D. 50. 5. 60.

25. — L'altération frauduleuse commise dans un permis de chasse, dans le but d'en changer la date et d'en prolonger la durée, constitue un crime de faux en

Art. 6. — Le préfet pourra refuser le permis-
de chasse :

1° A tout individu majeur qui ne sera point
personnellement inscrit ou dont le père ou la
mère ne serait pas inscrit au rôle des contributions;

2° A tout individu qui, par une condamnation
judiciaire, a été privé de l'un ou de plusieurs des
droits énumérés dans l'art. 42 du Code pénal
autres que le droit de port d'armes;

3° A tout condamné à un emprisonnement de
plus de six mois pour rébellion ou violence envers les agents de l'autorité publique;

4° A tout condamné pour délit d'association

écriture publique, et non pas
seulement le faux qualifié délit par
les art. 153 et ss. du Code pénal.
Douai, 30 janvier 1847. — D.
49. 2. 5. — P. 49. 1. 36.

(Art. 6.) 1. — Le préfet ne peut
astreindre tous les impétrants à
joindre à leur demande un certificat ou extrait du rôle. Il suffit
d'exiger cette production de ceux
à l'égard desquels des doutes s'é-
lèveraient sur l'inscription au
rôle et dans le cas où l'on croi-

rait devoir s'appuyer sur la non-
inscription pour refuser le permis demandé.
Inst. du minist. de l'int. du 20
mai 1844.

2. Toute espèce de contribution directe peut compter alors
même qu'elle ne serait acquittée
que fictivement, par exemple
dans les villes où l'on a transfor-
mé la contribution personnelle
et mobilière en une addition au
droit d'octroi.
Disc. à la Ch. des députés. —

illicite, de fabrication, débit, distribution de poudre, armes ou autres munitions de guerre, de menaces écrites ou de menaces verbales, avec ordre ou sous condition, d'entraves à la circulation des grains, de dévastation d'arbres ou de récoltes sur pied, de plants venus naturellement ou faits de main d'hommes.

5° A ceux qui auront été condamnés pour vagabondage, mendicité, vol, escroquerie, ou abus de confiance.

La faculté de refuser le permis de chasse aux condamnés dont il est question dans les paragraphes 3, 4 et 5, cessera cinq ans après l'expiration de la peine.

Séance du 16 février 1844.
— *Moniteur,* p. 338-64.
Berriat, p. 61 et 62.
Gillon, p. 136.

3. — En cas de mort des père et mère, l'inscription des ascendants au rôle des contributions ne sera d'aucune utilité pour les petits-enfants.
Gillon, p. 135.

4. — Le refus du permis peut être fait à des individus frappés de condamnations antérieures à la loi du 3 mai 1844.

Inst. du minist de l'int. du 20 mai 1844.
Gillon, p. 140 et 162.

5. — Pour faciliter l'exercice de la faculté conférée au préfet par l'art. 6, c'est à ce fonctionnaire qu'est adressée, à chaque trimestre, la copie du registre tenu au greffe en vertu de l'art. 600 du Code d'instruction crim., copie qui était auparavant transmise directement au ministre de l'intérieur.

Circulaire du garde des

Art. 7. — Le permis de chasse ne sera pas délivré :

sceaux du 2 juin 1844.
Id. Du proc. gén. près la Cour de Dijon, du 22 juin 1844.

6. — La durée de la faculté du refus de permis de chasse, dans le cas prévu par le n° 2 de notre art., doit être restreint à la durée des condamnations.

Duvergier, Collect. des lois, an. 1844, p. 119.
Championnière, p. 49 et 50.
Berriat, p. 62.

7. — Malgré les termes du dernier alinéa de notre art., le droit du préfet cesse après 5 ans, dans le cas du § 2 comme dans les autres cas. Il y a eu omission de la part du législateur.

Camusat-Buss., p. 76 et ss.

8. — Au contraire, cette faculté du refus n'est pas limitée dans sa durée.

Gillon, p. 141 et ss.

9. — Le permis pourrait être refusé à celui qui aurait été condamné pour violences exercées envers un citoyen chargé d'un ministère de service public. (Art. 230, C. p.)

Berriat, p. 64.

10. — Il peut l'être à ceux qui n'ont été condamnés qu'à une simple amende pour vagabondage, mendicité, escroquerie, ou abus de confiance, comme à ceux qui l'ont été à l'emprisonnement.

Petit, t. 3, p. 64.
Berriat, p. 64.

11. — Dans ce cas, le délai de 5 ans court du jour où le condamné a acquitté l'amende ; et s'il différait de l'acquitter, du jour où la condamnation est devenue irrévocable.

Petit, t. 3, p. 65.
Berriat, p. 65.
Dalloz, *Répert., nouv. éd.*, v° *Chasse*, n° 143, 3ᵉ alinéa.

12. — Celui à qui un permis a été refusé par le préfet, peut se pourvoir auprès du ministre de l'intérieur.

Disc. à la Chambre des députés.
— Séance du 16 février 1844.
— Réponse de M. le garde des sceaux à M. de la Plesse.
— *Moniteur,* p. 338-64.
Championnière, p. 46.
Gillon, p. 145.
Berriat, p. 61.

(art. 7.) 1. — Si les mineurs

1° Aux mineurs qui n'auront pas seize ans āc-
complis ;

2° Aux mineurs de seize à vingt-et-un ans, à
moins que le permis ne soit demandé pour eux,
par leur père, mère, tuteur ou curateur, porté
au rôle des contributions ;

3° Aux interdits ;

4° Aux gardes-champêtres ou forestiers des
communes et établissements publics, ainsi qu'aux
gardes-forestiers de l'Etat et aux gardes-pêche.

étaient eux-mêmes portés au rôle
des contributions, il ne serait pas
nécessaire que leurs père, mère,
tuteur ou curateur le fussent.

> Loiseau et Vergé, p. 25.
> Gillon, p. 149.
> Duvergier, *Collect. des lois,*
> an. 1844, p. 120.

2. — Le mot garde-champêtre
doit être pris dans son acception
la plus large; ainsi, il comprend
les gardes-messiers et les gardes-
vignes, dont les fonctions ne sont
que temporaires et se bornent à
la garde de certaines récoltes.

> Discussion à la Chambre des
> députés, séance du 16 février
> 1844. — Explications de
> M. Gillon. — *Moniteur,*
> p. 342-43.

Camusat-Busserolles, p. 81.

3. — Les gardes-champêtres
qui sont en même temps gardes
particuliers, ne peuvent obtenir
de permis.

> Sol. min., n° 15.—S.'46.2.343.

4. — Notre art. défendant de
délivrer un permis de chasse aux
gardes-champêtres, celui d'entre
eux trouvé chassant est passible
des peines prononcées par les
art. 11 et 12 de la loi du 3 mai
1844, bien que de fait il justifie
d'un permis de chasse à lui délivré.

> Rouen, 30 nov. 1844. — S. 45.
> 2. 104. — D. 45. 2. 41. —
> P. 44. 2. 663.
> V. en ce sens : Champion-
> nière, p. 90.

Camusat-Busserolles, p. 83 et 84.

V. en sens contraire :

Petit, t. 3, p. 69.

Berriat, p. 74.

5. — La défense de délivrer des permis de chasse aux gardes forestiers, n'embrasse pas tous les agents forestiers, notamment les gardes-généraux inspecteurs et conservateurs.

Solut. minist., n° 14. — S. 46. 2. 343.

6. — Ainsi, les brigadiers forestiers ou gardes-pêche, les gardes à cheval et gardes-généraux et les agents de l'administration forestière d'un grade plus élevé, les gardes du domaine de la couronne et les gardes particuliers peuvent obtenir des permis de chasse.

Berriat, p. 71.

Camusat-Busserolles, p. 82.

Gillon, p. 154.

Duvergier, *Collect. des lois,* p. 121.

V. cependant la décision minist. précitée, qui refuse aux brigadiers et gardes à cheval la faculté d'obtenir un permis.

7. — Les gardes privés de la faculté de chasser, peuvent porter une arme pour leur défense, et cela s'applique aux gardes particuliers comme à tous autres.

L. du 28 sept. 1791, tit. 7. sect. 7, art. 4. — Ordonn. du 1er août 1827, art. 30.— L. du 15 avr. 1829, art. 37.

Explic. du garde des sceaux.

Séance de la Chambre des députés, du 17 février 1844. — *Monit.* du 18 févr. 1844, p. 350.

Solut. minist., n° 16. — S. 46. 2. 343.

Berriat, p. 71 et 72.

8. — Les gendarmes et sous-officiers de gendarmerie pourraient obtenir un permis de chasse; mais les instructions militaires leur défendent, dans l'intérêt du service, de se livrer à l'exercice de la chasse.

Circ. du minist. de la guerre, du 8 sept. 1821.

Pérève, p. 343, n° 5.

9. — Les femmes qui vont à la chasse ne sont pas exemptes de l'obligation de prendre un permis de chasse.

Jugement du Tribunal de Nevers.

Gazette des Tribunaux du 10 février 1830.

10. — Et il peut leur en être délivré un.

Berriat, p. 70.

11. — Lorsqu'elles sont ma-

ART. 8. — Le permis de chasse ne sera pas accordé :

1° A ceux qui, par suite de condamnations, sont privés du droit de port d'armes ;

2° A ceux qui n'auront pas exécuté les condamnations prononcées contre eux pour l'un des délits prévus par la présente loi ;

3° A tout condamné placé sous la surveillance de la haute police.

---

riées, elles n'ont pas besoin, pour cette obtention, d'être munies d'une autorisation maritale.

Championnière, p. 51.

Gillon, p. 152.

Berriat, p. 70.

V. cependant en sens contraire, M. Lavallée, *Loi sur la police de la chasse*, p. 77.

12. — Elles auraient besoin de cette autorisation si elles étaient mineures.

Gillon, p. 153.

13. — Le préfet ne pourrait, en se fondant sur les canons de l'Eglise qui défendent la chasse aux prêtres (Canon 15° du 4° Concile de Latran), leur refuser un permis de chasse.

Gillon, p. 151 et 152.

Dalloz, *Répert.*, v° *Chasse*, n° 151.

14. — Le permis accordé dans un cas où l'art. 6 permettait simplement de le refuser, ne peut être ensuite retiré.

Berriat, p. 75.

15. — Le permis délivré à un individu auquel il n'eût pas dû l'être, peut et doit être retiré par le préfet.

Instr. du minist. de l'int. du 20 mai 1844.

V. cependant en sens contraire :

Petit, t. 3, p. 69.

(ART. 8.) 1. — Dans le cas prévu par le n° 1er de l'art. 8, l'interdiction cesse avec la privation et par conséquent avec la réhabi-

ART. 9. — Dans le temps où la chasse est ouverte, le permis donne à celui qui l'a obtenu le droit de chasser de jour, à tir et à courre, sur ses propres terres et sur les terres d'autrui,

---

litation, lorsque la peine a été infamante (art. 619, C. instr. crim.), et par l'expiration du temps fixé par le jugement de condamnation, lorsque la peine a été celle de l'art. 42 du Code pénal.

Championnière, p. 53.

Gillon, p. 162.

2. — Pour assurer l'exécution du n° 2 de l'art. 8, il est prescrit aux receveurs de l'enregistrement d'adresser à leur directeur, le 1er août de chaque année, un état des condamnations pécuniaires pour délits de chasse, qui n'ont pas été acquittées, avec les noms, prénoms, profession et domicile des débiteurs, etc. ; et les directeurs, à vue de ces états partiels, remettent eux-mêmes, sans retard, au préfet du département où ils résident, un état collectif divisé par arrondissement.

Circ. du direct. général de l'enregistrement, en date du 11 février 1849.

3. — Lorsqu'un condamné a surpris la religion de l'autorité administrative, le permis qu'il obtient est sans valeur, et il commet un délit s'il chasse, bien que muni de ce permis.

Gillon, p. 162 et 163.

4. — Au contraire, lorsqu'il a été délivré un permis de chasse à un condamné dont on ignorait la condamnation ou lorsque cette condamnation est survenue depuis la délivrance, le permis est valable ou continue à l'être jusqu'à ce que le préfet l'ait retiré.

Championnière, p. 89.

5. — Ce retrait est toujours possible dans les cas énumérés par l'art. 8.

Gillon, p. 163.

V. ci-dessus art. 7, n° 15.

(ART. 9.) 1. — Les juges ont un pouvoir souverain pour déterminer ce qu'on entend par jour dans le sens de l'art. 9 de la loi du 3 mai 1844.

Ainsi, la chasse à l'affût n'est pas essentiellement interdite.

avec le consentement de celui à qui le droit de chasse appartient.

Tous autres moyens de chasse, à l'exception des furets et des bourses destinés à prendre le lapin, sont formellement prohibés.

Néanmoins, les préfets des départements, sur l'avis des conseils généraux (et le préfet de police, dans la circonscription de sa préfecture), prendront des arrêtés pour déterminer :

1.° L'époque de la chasse des oiseaux de passage autres que la caille, et les modes et procédés de cette chasse ;

2° Le temps pendant lequel il sera permis de chasser le gibier d'eau, dans les marais, sur les étangs, fleuves et rivières ;

3° Les espèces d'animaux malfaisants ou nuisibles que le propriétaire, possesseur ou fermier,

---

Championnière, p. 55.

Gillon, p. 166 et ss.

Berriat, p. 87.

Petit, t. 3, p. 73.

Pérève, p. 301.

Duvergier, *Collect. des lois,* an. 1844, p. 124.

2. — La chasse ne doit pas être réputée avoir eu lieu la nuit, par cela seul qu'elle a eu lieu après le coucher du soleil, s'il faisait encore jour à ce moment ; par ex. le six octobre à six heures et demie du soir.

Douai, 9 nov. 1847. — S. 48. 2. 719. — D. 47. 4. 70. — P. 48. 2. 384.

3. — Jugé au contraire, que le jour s'entend seulement du temps qui s'écoule entre le lever et le

pourra en tout temps détruire sur ses terres, et les conditions de l'exercice de ce droit, sans préjudice du droit appartenant au propriétaire ou au fermier, de repousser ou de détruire même avec des armes à feu les bêtes fauves qui porteraient dommage à ses propriétés.

Ils pourront prendre également des arrêtés :

1° Pour prévenir la destruction des oiseaux ;

2° Pour autoriser l'emploi des chiens lévriers, pour la destruction des animaux malfaisants ou nuisibles ;

3° Pour interdire la chasse pendant les temps de neige.

---

coucher du soleil, et qu'en conséquence il y a chasse de nuit et délit de la part de celui qui a chassé le 30 août à 4 heures du matin.

Dijon, 11 nov. 1846. — D. 47. 4. 69. — P. 47. 1. 39. — Recueil des arrêts de la Cour de Dijon, an. 1847, p. 23.

4. — Tout autre moyen, pour prendre le gibier, que la chasse à tir et à courre, est prohibé par la loi du 3 mai 1844, encore que l'intention des personnes qui prennent le gibier soit de le conserver pour le faire servir à la reproduction.

Spécialement l'emploi de filets ou panneaux destinés à enceindre une partie de bois pour prendre vivant le gibier qui s'y trouve et s'en servir pour repeupler un parc royal, constitue un fait de chasse prohibé, auquel l'intention des chasseurs n'enlève pas le caractère de délit.

Dijon, 28 nov. 1845. — D. 45. 2. 5. — P. 48. 2. 413. — Rec. des arrêts de Dijon, an. 1845, p. 192.

5. — La chasse avec des traqueurs n'est pas prohibée ; ce n'est qu'un mode particulier de la chasse à tir; la traque ou battue n'est pas par elle-même un mode complet de chasse.

   Dijon, 24 déc. 1844. — S. 45. 2. 97. — P. 45. 2. 513. — Rec. des arrêts de Dijon, an. 1845, p. 28.

   Paris, 26 avr. 1845. — S. 45. 2. 359. — P. 45. 2. 131.

   C. C. 29 nov. 1845. — S. 46. 1. 143. — D. 46. 1. 21. — P. 45. 2. 713. — Rec. des arrêts de Dijon, an. 1845, p. 231.

   Solut. minist., n° 6. — S. 46. 2. 340.

   Berriat, p. 88.

6. — Il en est de même de la chasse au miroir.

   Grenoble, 2 janvier 1845. — S. 45. 2. 99. — D. 45. 2. 42. — P. 45. 2. 67.

   Berriat, p. 155.

7. — La chasse au feu, outre qu'elle a lieu la nuit, est un mode de chasse prohibé.

   Pérève, p. 324.

8. — Cette chasse est celle qui a lieu à l'aide de torches, flambeaux ou feux allumés dans les forêts (ou autres lieux).

   C. C. 11 av. 1840. — D. 40. 1. 41.

9. — La chasse à l'aide du faucon n'est pas permise.

   Championnière, p. 58.

   Gillon, p. 170 et 171.

   Berriat, p. 91.

10. — Il en est de même de la chasse avec des gluaux.

   C. C. 27 février 1845. — S. 45. 1. 387. — D. 45. 1. 169. — P. 45. 2. 123.

   Id. 2 oct. 1846. — D. 46. 4. 59. — P. 49. 1. 384.

   V. cependant en sens contraire :

   Angers, 9 déc. 1844. — S. 45. 2. 100. — D. 45. 2. 18. — P. 45. 2. 135.

11. Les *pots à moineaux* que l'on place ordinairement contre les murs des maisons, sont aussi des moyens de chasse défendus.

   Dalloz, *Répert.,* v° *Chasse,* n° 181, *in fine.*

   Gillon, p. 172.

12. — Et il faut en dire autant des sauterelles ou raquettes.

   Dalloz, *ibid.*

   Gillon, p. 173.

13. — La chasse aux oiseaux du pays par tout autre mode que la chasse au fusil est interdite même en l'absence de tout arrêté préfectoral qui la défende.

   Le préfet ne pourrait autoriser d'autres modes de chasse que pour les oiseaux de passage; pour ceux du pays, il ne peut que pré-venir leur destruction et non autoriser les moyens de les détruire.

Paris, 21 déc. 1844. — S. 45. 2. 100. — D. 45. 2. 18. — P. 45. 2. 132.

C. C. 30 mai 1845. — S. 45. 1. 682. — D. 45. 1. 302. — P. 45. 2. 720.

Id. 25 mars 1846. — S. 46. 1. 294. — D. 46. 1. 95. — P. 46. 1. 582.

Id. 4 avril 1846 (2 arrêts). — D. 46. 1. 95.

Lyon, 10 oct. 1846. — D. 46. 4. 59.

C. C. 23 avril 1847. — S. 47. 1. 528. — D. 47. 1. 160. — P. 47. 1. 555.

V. en ce sens Gillon, nᵒˢ 180 et 181.

Berriat, p. 124.

Camusat-Busserolles, p. 91.

14. — La chasse au fusil des oiseaux du pays nécessite l'obtention d'un permis de chasse.

V. *supr.* art. 1ᵉʳ, § 1ᵉʳ, nᵒˢ 9 et 10.

15. — La même condition est requise pour la chasse des oiseaux de passage par les moyens exceptionnels autorisés par les préfets.

V. *supr.* art. 1ᵉʳ, § 1ᵉʳ, nᵒ 13.

16. — Nul ne peut chasser avec des armes prohibées, telles que fusils brisés ou à vent, tromblons et autres armes offensives cachées et secrètes.

(Ord. de 1669, tit. 30, art. 3. — Edit du 23 mars 1728. — Décr. des 2 niv. an XIV et 12 mars 1806.)

L'emploi de ces armes ne constituerait pas une infraction à la loi sur la chasse, mais bien le délit de port d'armes prohibées.

(Art. 314 C. pén. et 1ᵉʳ l. du 24 mai 1834.)

17. — L'avis à prendre des conseils généraux sur le règlement de certaines chasses exceptionnelles, n'est pas obligatoire pour les préfets.

Solut. minist., nᵒ 5. — S. 46. 2. 340.

Gillon, p. 174.

Berriat, p. 92.

18. — Les préfets ne sont autorisés qu'à régler le temps et non le mode de la chasse du gibier d'eau ; ils ne peuvent donc permettre de chasser ce gibier autrement qu'à tir, à moins qu'il ne s'agisse d'un gibier d'eau qui, comme la bécassine, soit en même temps oiseau de passage.

Gillon, p. 179, nᵒ 196, et p. 180.

Et Dalloz, *Répert.*, v° *Chasse*, n° 192.

19. — Le préfet peut autoriser la chasse des oiseaux de passage avec des instruments dont l'usage est prohibé pour la chasse du gibier ordinaire.

Inst. du min. de l'int. du 20 mai 1844.

20. — La chasse aux oiseaux de passage avec appeaux et appelants peut être autorisée par arrêté préfectoral. L'interdiction d'un tel mode de chasse écrite dans l'art. 12 de la loi du 3 mai 1844, ne s'applique qu'aux cas ordinaires de chasse et non à celui où le préfet, en vertu de l'art. 9 de la même loi, a exceptionnellement autorisé l'emploi de ce mode de chasse.

C. C. 16 juin 1848. — S. 48. 1. 636. — D. 48. 1. 136. — P. 48. 2. 496.

21. — Un permis de chasse n'est pas nécessaire pour l'exercice du droit que notre art. confère aux propriétaires, possesseurs ou fermiers, de détruire les animaux malfaisants.

V. *supr.* art. 1er, § 1er, n° 14.

22.—Il n'y a pas, en effet, dans cette destruction, fait de chasse, alors surtout qu'elle a lieu de la part d'un fermier chargé par le propriétaire de détruire les animaux qui pourraient commettre des dégâts dans un jardin clos et renfermé dans l'enceinte d'une habitation.

C. C. 22 févr. 1822.

V. *supr.* art. 2, n° 2.

23. — C'est l'intention qui constitue la différence entre le fait de chasse et celui de détruire et repousser des animaux malfaisants ou des bêtes fauves. Celui qui chasse agit pour s'approprier; ce n'est pas le but que la loi suppose au propriétaire dans l'art. 9.

Championnière, p. 66.

24. — La destruction peut émaner même d'un tiers autorisé par le propriétaire, possesseur ou fermier.

Championnière, p. 69.

V. cependant Pérève, p. 211, qui semble dire que cette faculté est personnelle au propriétaire.

25. — On entend par bêtes fauves, les loups, renards, fouines, martres, putois, etc. Mais on n'y comprend pas les lapins, lièvres, chevreuils, cerfs, qui cependant sont seuls nuisibles aux récoltes.

Championnière, p. 70.

26. — Au contraire, il faut appliquer cette dénomination à tous

les animaux sauvages qui peuvent causer du dommage aux récoltes.

Berriat, p. 97.

27. — ..... Ou qui seraient dangereux pour les troupeaux ou pour les personnes. C'est aux tribunaux qu'il appartient d'attribuer ce caractère, d'après la nature des animaux et l'usage des localités.

Gillon, p. 185.

28. — Ainsi on a décidé que le propriétaire qui traque et tue sur son terrain un cerf qui, par un séjour prolongé, lui causait un dommage persistant, ne fait qu'user d'un droit légitime et ne se rend pas coupable d'un délit de chasse ; et les tiers qui l'ont assisté dans cet acte licite ne se sont également rendus coupables d'aucun délit.

C. C. 14 avril 1848. — D. 48. 4. 135. — P. 48. 2. 150.

29. — Le lapin n'est pas une bête fauve. C'est un animal nuisible dont la destruction a besoin d'être autorisée par arrêté du préfet.

Gillon, p. 192.

30. — Le droit de repousser les bêtes fauves ne peut s'étendre aux oiseaux de proie.

Ainsi la destruction d'oiseaux malfaisants, tels que des corbeaux qui dévoraient les volailles, constitue un délit de chasse punissable si elle a lieu de la part d'un individu non muni d'un permis de port d'armes (actuellement d'un permis de chasse).

C. C. 5 novembre 1842. — S. 43. 1. 75. — D. 43. 1. 31.— P. 43. 1. 713.

V. en ce sens :

Gillon, p. 186.

Et Camusat-Busserolles, p. 97.

V. également l'arrêt cité *infr.* art. 11, § 2, n° 9.

N. B. Il en serait autrement si ces oiseaux étaient rangés dans la catégorie des animaux nuisibles.

31.— On ne pourrait non plus, en l'absence d'une disposition de l'arrêté préfectoral qui, les classant parmi les animaux nuisibles, en autorisât la destruction, tuer des pies lorsque la chasse n'est pas ouverte.

Orléans, 16 septembre 1844.— P. 44. 2. 421.

32. — Jugé sous l'empire de la loi du 30 avril 1790, que le fermier a le droit de tendre des collets pour défendre ses récoltes contre le gibier, encore bien que son bail lui interdise tout recours contre le propriétaire qui s'est

réservé exclusivement le droit de chasse, à raison des dégâts qui seraient commis par le gibier (l. du 30 avril 1790, art. 15), et qu'il ne peut être poursuivi correctionnellement pour un fait de cette nature.

Paris, 21 août 1840. — S. 40. 2. 416. — D. 41. 2. 27. — P. 41. 2. 300.

N. B. Il en serait encore de même sous l'empire de la loi du 3 mai 1844, à la double condition que les animaux, contre lesquels le fermier voudrait défendre ses récoltes, fussent rangés par arrêté préfectoral dans la classe des animaux malfaisants et nuisibles, et que le même arrêté autorisât l'emploi de collets ou autres engins qu'aurait employés le fermier.

33. — Les pigeons doivent être enfermés aux époques fixées par les communautés (les municipalités), et durant ce temps ils sont regardés comme gibier, et chacun a le droit de les tuer sur son terrain.

(Art 2, décr. du 4 août 1789.)

Il n'est pas besoin d'un permis de chasse pour user de ce droit.

V. *supr.* art. 1er, § 1er, n° 15.

34. — Si les municipalités négligent de fixer l'époque où les pigeons doivent être renfermés, tout propriétaire peut les tuer sur son terrain, à la charge d'établir qu'au moment où il usait de ce droit, les pigeons causaient du dommage à ses semences ou récoltes.

C. C. 1er août 1829. — *Bull. crim.,* an. 1829, n° 175. — P.

35. — Si des volailles de quelque espèce que ce soit causent du dommage, le propriétaire, le détenteur ou le fermier du terrain peuvent les tuer, mais seulement sur les lieux et au moment du dégât.

Art. 12, l. du 6 oct. 1790.

36. — Il est recommandé aux préfets de consulter les conseils généraux, même dans les cas prévus par les trois derniers alinéas de l'art. 9. Dans tous les cas, le préfet n'est pas lié par l'avis du conseil général.

Inst. du minist. de l'int. du 20 mai 1844.

Gillon, p. 174.

37. — Mais ce n'est pas une obligation qui leur est imposée.

Berriat, p. 98.

V. en sens contraire :

Camusat-Busserolles, p. 101.

38. — Le préfet n'avait pas, sous l'empire de la loi du 30 avril 1790, les pouvoirs que lui

confère notre art.; aussi décidait-on alors qu'un arrêté préfectoral, défendant la destruction des oiseaux autres que ceux de proie, et interdisant tous les moyens de les détruire, était rendu en dehors des limites de l'autorité des préfets.

Bourges, 11 mars 1841. — S. 41. 2. 543. — D. 42. 2. 15. — P. 41. 2. 434.

39. — On décidait aussi que le préfet ne pouvait défendre la chasse aux oiseaux avec filets, ni la chasse avec des chiens lévriers.

C. C. 12 mai 1842. — S. 42. 1. 736. — D. 42. 1. 293. — P. 42. 2. 354.

Id. 1er juillet 1842. — S. 42. 1. 736.

40. — Les lacs, collets et autres moyens de détruire promptement le gibier, n'étaient point alors prohibés; la défense portée à cet égard par l'ord. de 1669, tit. 30, art. 12, ne subsistait plus pour les bois réservés aux plaisirs du roi.

C. C. 8 mai 1824. — S. 29. 1. 439. — D. 24. 1. 519. — P.

41. — Le préfet pourrait interdire d'une manière absolue la chasse des oiseaux, s'il y avait intérêt à le faire pour prévenir leur destruction.

Berriat, p. 99.

Camusat-Busserolles, p. 102.

42. — La chasse au lévrier croisé est prohibée comme celle au lévrier de pure race.

Douai, 11 janvier 1846. — S. 46. 2. 84. — D. 46. 2. 60.— P. 46. 1. 479.

Nancy, 11 février 1846. — P. 46. 2. 71.

V. en ce sens : Berriat. p. 326.

Gillon, p. 200, n° 225.

Et le *Moniteur* du 16 février 1844, p. 327.

43. — Les arrêtés des préfets doivent se borner à interdire d'une manière générale la chasse en temps de neige.

Un arrêté préfectoral qui, à raison de la neige, interdit la chasse *d'une manière absolue depuis telle époque jusqu'à telle autre*, dépasse les attributions des préfets et crée une prohibition qui n'est pas dans la loi.

Jugem. du Tribunal d'appel de Gap.

V. le *Droit* du 8 avril 1845.

Et Gillon, 1er suppl. p. 17.

44. — L'arrêté préfectoral qui défend la chasse, soit en plaine, soit en bois, sur les parties du territoire qui seraient couvertes de neige, est applicable en raison de sa généralité à ceux qui chas-

sent dans les prairies et autres endroits fréquentés spécialement par les oiseaux d'eau et de passage.

L'exception pour la chasse de ces oiseaux, contenue dans ledit arrêté relativement aux communes situées sur le littoral, ne s'applique qu'aux communes situées sur le bord même de la mer, et non à celles dont une partie du sol n'est submergée qu'accidentellement par les eaux de la mer, par suite des marées.

Rouen, 3 avril 1845. — D. 45. 4. 80 et 46. 4. 60. — P. 45. 2. 697.

45. — Les arrêtés des préfets, qui défendent la chasse en temps de neige, s'appliquent même à la destruction des petits oiseaux.

C. C. 24 sept. 1847. — P. 48. 1. 447.

46. — Ces arrêtés sont permanents et doivent recevoir leur pleine et entière exécution tant qu'ils n'ont pas été modifiés et rapportés. Ils n'ont pas besoin d'être renouvelés chaque année.

C. C. 26 juin 1846. — S. 46. 1. 855. — D. 46. 4. 64. — P. 46. 2. 500.

Id. 24 juillet 1846. — D. 46. 4. 62. — P. 47. 1. 622.

Lyon, 10 août 1846 [1]. — S. 46. 1. 855 à la note. — D. 46. 4. 61. — P. 46. 2. 500.

Riom, 10 février 1847. — D. 47. 4. 74. — P. 47. 1. 739.

C. C. 24 sept. 1847. — P. 48. 1. 447.

Id. 29 nov. 1847. — S. 48. 1. 169. — D. 47. 1. 367. — P. 48. 1. 74.

V. cependant en sens contraire: Riom, 25 février 1846 (cassé par l'arrêt ci-dessus du 26 juin). — D. 46. 2. 80. — P. 46. 2. 500.

Besançon, 27 janvier 1847. — P. 47. 1. 622.

47. — Les arrêtés pris en matière de chasse sur des objets non soumis au pouvoir préfectoral, ne sont pas obligatoires pour les tribunaux.

C. C. 22 juin 1815. — S. 15. 1. 197. — D. 15. 1. 434. — P.

V. les trois arrêts cités *suprà*, nos 34 et 35.

V. aussi *supr.* art. 3, nos 13, 14, 15 et 16. — Et art. 4, no 18.

48. — Lorsque les arrêtés sont pris dans les limites du pouvoir

---

[1] Cet arrêt est indiqué dans Dalloz à la date du 10 octobre.

ART. 10. — Des ordonnances royales détermineront la gratification qui sera accordée aux gardes et gendarmes rédacteurs des procès-verbaux ayant pour objet de constater les délits.

---

préfectoral, il ne peut plus y être dérogé par une disposition dont l'effet ne serait que local. Ainsi, un préfet ne pourrait, en approuvant une adjudication de droits de chasse sur des terrains communaux, reculer pour ces terrains seulement l'époque de la clôture de la chasse fixée par un arrêté applicable dans tout le département.

C. C. 7 oct. 1842. — S. 43. 1. 147. — D. 42. 1. 418. — P. 43. 1. 57.

Berriat, p. 92.

Gillon, p. 81.

49. — La force exécutoire des arrêtés préfectoraux, dans les cas prévus par notre article, est soumise aux conditions de publicité déterminées par l'article 3 de la présente loi.

Camusat-Busserolles, p. 104.

V. *supr.* art. 3, nos 3, 4 et 5.

(Art. 10.) 1. — La gratification est de 8 francs pour les délits prévus par l'art. 11; 15 francs pour les délits prévus par l'art. 12 et l'art. 13, § 1er; 25 francs pour les délits prévus par l'art. 13, § 2.

Ord. du 5 mai 1845, art. 1er.

V. le *Bulletin des lois* 1201, no 11,987. — Sirey, *Lois annotées,* p. 36. — D. 45. 3. 122. — Gillon, 1er suppl. p. 18.

2. — Elle est accordé aux gendarmes, gardes-forestiers, gardes-champêtres, gardes-pêche et gardes assermentés des particuliers.

Même art.

3. — Les brigadiers et les gardes à cheval sont compris sous la dénomination de gardes-forestiers et de gardes-pêche, et ont droit à la gratification.

Décision du ministre des finances, du 20 juin 1845.

Et Gillon, 2e suppl. p. 18.

4. — La gratification se divise entre les agents rédacteurs du procès-verbal, s'ils sont plusieurs.

Même ord., art. 4.

5. — En cas d'insuffisance de l'amende pour payer la gratification, il n'y a pas lieu d'exercer un recours contre la commune.

Ibid. art 3.

6. — Elle est due pour chaque amende et est payée par le receveur d'enregistrement.

Ibid. art. 2.

7. — Sur mandats délivrés par le directeur de l'enregistrement.

Règlement sur la comptabilité, du 26 janvier 1846, art. 119.

Ibid. Nomencl. des pièces, § 1006, 1007 et 1008.

Vuarnier, *Traité de la Manutention des employés de l'enregistrement,* t. 2, n° 5310.

8. — Les gardes doivent se munir d'un extrait du jugement de condamnation sur papier libre.

Les gendarmes doivent en outre dresser un mémoire contenant autorisation au conseil d'administration d'en toucher pour eux le montant.

Circ. n° 1730 du direct. de la comptab. génér. des finances, du 22 août 1846, n°s 10 et 11.—Vuarnier, t. 2, n° 5309.

9. — Pour que la gratification soit acquise, il suffit que des condamnations pécuniaires aient été prononcées, sans qu'il soit nécessaire qu'elles aient été recouvrées.

Règl. du 26 janvier 1846.

Nomenclat. des pièces, § 1007.

10.—La gratification doit être allouée, lors même que le tribunal, à raison de circonstances atténuantes [1], se borne à condamner le délinquant aux frais de la procédure sans prononcer une amende.

Circ. n° 1759 du direct. gén. de l'enregistr. du 25 juillet 1846.

11. — Elle doit l'être également lorsqu'il y a eu recours en grâce du condamné et remise totale ou partielle de l'amende.

Même circ.

V. *infr.* art. 19.

---

[1] L'art. 20 défendant l'admission en matière de délit de chasse de circonstances atténnantes, le cas prévu par la circulaire ne se réaliserait que lorsqu'un mineur de moins de 16 ans trouverait dans son âge un motif d'atténuation de la condamnation. (V. *infr.* art 11, § 1er, n° 27.)

SECTION II.

Des peines.

Art. 11. § 1ᵉʳ. — Seront punis d'une amende de 16 à 100 francs :

1° Ceux qui auront chassé sans permis de chasse.

(Art. 11. § 1ᵉʳ.) 1. — Le pigeon de fuie est un animal domestique qu'on ne peut considérer comme gibier; et le fait d'avoir, sans permis de chasse, tué un de ces pigeons sur le terrain d'autrui, même couvert de récoltes, ne constitue pas un délit de chasse. Rennes, 29 octobre 1847. — D. 49. 2. 225. — P. 49. 1. 469. V. cependant C. C. 22 avril 1831. — P.

Cet arrêt semble considérer les pigeons comme du gibier. — On ne pourrait, aux termes de cette décision, poursuivre celui qui a tué des pigeons sur le terrain d'autrui, que sur la plainte du propriétaire lésé.

2. — Pour l'exercice du droit donné aux propriétaires de tuer les pigeons qui dévastent leurs récoltes (l. du 4 août 1789, art. 2), il n'est pas nécessaire d'avoir un permis de chasse. Cette destruction de pigeons nuisibles n'a pas le caractère de chasse dans le sens de la loi du 3 mai 1844. Rouen, 14 février 1845. V. *supr.* art. 1ᵉʳ, § 1ᵉʳ, n° 15.

3. — Il n'en faudrait pas non plus pour la destruction des volailles qui causent du dommage aux propriétés. V. *supr.* art 1ᵉʳ, § 1ᵉʳ, n° 16.

4. — Ni pour la destruction des animaux déclarés malfaisants ou nuisibles. V. *supr.* art. 1ᵉʳ, § 1ᵉʳ, n° 14.

5. — Ni à ceux qui, ne chas-

sant pas, ne font que prêter au chasseur aide et assistance.

V. *supr.* art. 5, n°s 15 et ss.

6. — Mais il en faudrait un pour chasser des renards; une autorisation du maire serait inefficace.

C. C. 1er juillet 1826. — D. 26. 1. 400. — P.

7. — Il en faudrait un également pour chasser des oiseaux de proie.

V. *supr.* art. 9, n° 30.

Et *infr.* § 2, n° 9.

N. B. Il en serait autrement sous l'empire de la loi du 3 mai 1844, si les renards ou les oiseaux de proie, objet de la chasse, étaient rangés par le préfet au nombre des animaux malfaisants, et qu'on se trouvât dans les conditions voulues pour leur destruction. (V. art. 9 *supr.*)

8. — Le simple port d'armes, même de chasse, est un fait licite à tout citoyen à qui ce droit n'est pas interdit soit par un jugement (art. 42, C. pén.), soit par sa position de vagabond ou d'homme sans aveu. (Avis du Conseil d'Etat du 17 mai 1811.)

Berriat, p. 126.

9. — Il faut, pour que ce fait devienne punissable, qu'il s'y joigne un acte de chasse. Ce que la loi atteint n'est autre chose que le fait de chasse sans permis.

C. C. 10 sept. 1831. — D. 31. 1. 315. — P.

Berriat, p. 126.

10. — Le port d'un fusil ne suffit pas pour constituer le fait de chasse, mais ce fait se présume de l'usage du fusil ou de l'intention constatée de s'en servir.

Championnière, p. 82.

11. — Ainsi, de ce qu'un procès-verbal dressé par un gendarme constate qu'un garde-champêtre a été apperçu tenant un fusil abattu dans la main gauche le long d'un champ, il ne résulte pas que ce garde, qui était dans l'usage de porter un fusil dans l'exercice de ses fonctions, se soit rendu coupable du délit de chasse.

Cette attitude du garde peut être interprétée comme un temps de repos.

Douai, 5 nov, 1839. — D. 40. 2. 134.

C. C. 5 décembre 1839. — D. 40. 1. 388. — P. 43. 1. 650.

Championnière, p. 82 et 83.

Berriat, p. 119.

12. — Le fait par un individu (non muni de permis) d'être porteur d'un fusil de chasse, d'un havresac et d'un lièvre, et en

outre d'être suivi d'un chien, ne constitue pas nécessairement de sa part un fait de chasse ; et les juges peuvent, en l'absence de toute autre énonciation du procès-verbal et, par appréciation des explications données par le prévenu relativement à la détention de ces divers objets, renvoyer celui-ci de la poursuite. Une telle décision échappe à la censure de la Cour de Cassation.

C. C. 1er octobre 1846. — *Gaz. des Trib.* du 2 octobre 1846. Gillon, 2e suppl. p. 19.

13. — Jugé cependant qu'un individu, trouvé dans une forêt royale emportant un faisan tué à coups de bâton, était coupable d'un délit de chasse.

V. *infr.* art. 16, n° 28.

14. — Le fait d'un individu qui, n'étant pas à la recherche et à la poursuite du gibier, mais averti par les cris des voisins, tire simplement, par occasion, sur un animal qui passait dans le moment au-devant de sa maison, n'a pas le caractère de délit de chasse.

Bordeaux, 20 mars 1844. — S. 45. 2. 528. — D. 45. 4. 68. Berriat, p. 16 et ss.

V. en sens contraire :
Trib. de Rouen, 26 janv. 1848.

— *Gaz. des Trib.* du 28 janvier 1848. Gillon, p. 38, et 2e suppl. p. 2. Petit, t. 1er, p. 1re. Dalloz, *Répert.*, v° *Chasse*, n° 26.

15. — Il y a fait de chasse punissable de la part de celui qui, sans être muni d'un permis de chasse, tire des coups de fusil de l'intérieur d'une cabane élevée pour épier et atteindre le gibier.

V. les arrêts cités *supr.* art. 2, n°s 9 et 10.

16. — Il peut y avoir chasse sans qu'on soit muni d'armes ; ainsi il y a fait de chasse de la part de celui qui, sans armes ni instruments de chasse, parcourt les champs avec des chiens auxquels il prend le gibier dont ils se sont emparés.

Décision du Trib. de Villefranche (Rhône), citée par Gillon, 1er supplément, p. 1re.

V. aussi *infr.* art. 16, n°s 26, 27 et 28.

17. — Il faut dans ce cas être muni d'un permis de chasse.

V. *supr.* art. 1er, § 1er, n° 8.

18. — Mais un permis de chasse n'est pas nécessaire à ceux qui, sans être munis de fusil, laissent simplement quêter des

chiens couchants dans des champs même couverts de récoltes.

Nancy, 7 décemb. 1844.—*Gaz. des Trib.* du 30 janvier 1845. *Id.* 24 décembre 1844. *Ibid....*

19. — Il en faut un pour chasser les petits oiseaux.

V. *supr.* art. 1er, § 1er, nos 9, 10 et 11.

20. — .... Ou les oiseaux de passage.

V. même art., § 1er, n° 13.

21. — Les diligences faites pour obtenir un permis ne sauraient remplacer le permis ni en tenir lieu.

V. *supr.* art. 1er, § 1er, nos 13 et ss.

22. — Mais il n'y a pas de peine à infliger à celui qui a chassé sans permis, mais qui justifie à l'audience ou dans le cours de la poursuite qu'il en avait un.

V. *infr.* art. 26, § 1er, n° 48.

23. — Ni à celui qui n'avait pas encore son permis le jour où il a été trouvé en chasse, mais qui depuis l'a reçu avec une date antérieure à celle du jour du fait de chasse.

V. *supr.* art. 1er, § 1er, nos 20 et 22.

N. B. V. aussi pour la durée du permis, *supr.* art. 5, nos 22, 23 et 24.

24. — Pour motiver la condamnation d'un individu prévenu de délit de chasse sans permis de port d'armes (actuellement sans permis de chasse), il n'est pas nécessaire que le garde-champêtre lui ait demandé l'exhibition de son permis. Il suffit que celui-ci ait été trouvé chassant, et que devant le juge chargé de statuer sur la poursuite, il soit dans l'impossibilité de justifier qu'au moment où il chassait il était muni d'un permis.

C. C. 5 mai 1836. — S. 36. 1. 777. — D. 36. 1. 311. — P. Nîmes, 26 nov. 1840. — P. 41. 1. 19.

25. — L'individu poursuivi pour fait de chasse sans permis, ne peut être renvoyé des poursuites que sur la justification d'un permis de port d'armes. Ce n'est pas au ministère public à prouver qu'au moment du fait de chasse il n'avait pas encore de permis.

Même arrêt du 5 mai 1836.

26. — Les délits de chasse sans permis ne peuvent être excusés sous prétexte de bonne foi.

V. *infr.* art. 20, n° 1er.

27. — On ne peut même pas examiner la question de discernement pour les mineurs.

V. *infr.* art. 28, n° 14.

Art. 11. § 2. — 2° Ceux qui auront chassé sur le terrain d'autrui sans le consentement du propriétaire.

28. — V. les nombreuses autorités en sens contraire.

Ibid. n° 13.

29. — Ainsi on juge depuis la loi du 3 mai, que le mineur âgé de moins de 16 ans, qui a contrevenu aux dispositions de ce § (reconnu avoir agi avec discernement), ne peut être condamné à une peine excédant la moitié de celle portée par notre art., et que même cette peine peut être réduite au-dessous de la moitié du minimum fixé par la loi.

C. C. 3 février 1849.

V. *infr.* art. 28, n° 13.

(Art. 11. § 2.) 1. — Le consentement n'a pas besoin d'être exprès ni même donné par écrit.

V. *supr.* art. 1er, § 2, n° 44.

2. — Celui qui a laissé chasser pendant quelque temps est supposé avoir consenti. Dans ce cas, il ne peut y avoir délit punissable de la part du chasseur qui a cru véritablement au consentement dont il avait besoin, quoique ce consentement ne soit pas formellement exprimé et qu'il vienne à être ultérieurement dénié.

Championnière, p. 94 et 95.

3. — On peut justifier du consentement dans le cours de la procédure. Effet de cette justification quant aux dépens.

V. *infr.* art. 26, § 2, n°ˢ 29 à 33.

4. — Le consentement doit être donné par celui qui est en possession du droit de chasse.

V. *supr.* art. 1er, § 2, n° 34.

N. B. V. aussi même art, § 2, n° 1er et ss., pour savoir à qui appartient le droit de chasse.

5. — Cependant celui qui a chassé en temps non prohibé, avec la permission écrite du propriétaire, ne doit pas être considéré comme coupable d'un délit de chasse, par cela seul, que cette permission a été délivrée par le propriétaire postérieurement à la concession qu'il aurait faite du droit de chasse à un tiers, alors que celui qui a chassé a ignoré cet acte de cession et a usé de bonne foi de sa permission.

Colmar, 29 déc. 1821. — D. 1.
514. — P.

Berriat, p. 105.

6. — Pour être licite, un acte de chasse doit recevoir son entier accomplissement sur un terrain sur lequel on a le droit de chasser.

Ainsi, il y a fait de chasse punissable de la part de celui qui tire sur le terrain d'autrui une pièce de gibier (dans l'espèce, une perdrix) partie de son terrain où il se trouve encore.

C. C. 11 avril 1840. — D. 40.
1. 411.

Gillon, p. 227, n° 271.

Pérève, p. 262.

Petit, t. 1er, p. 10 et 11.

7. — Il en est de même de celui qui, posté sur le terrain d'autrui, tire du gibier qui se trouve sur son terrain.

Pérève, p. 262, n° 12.

8. — Jugé cependant qu'il n'y a pas délit de la part de celui qui, du champ d'autrui, tire du gibier sur une propriété voisine sur laquelle il a le droit de chasse. (Décidé par la Cour royale seulement.)

C. C. (Colmar) 25 avril 1828.
— S. 29. 1. 46. — P.

N. B. Cette décision ne saurait être suivie.

V. dans le sens des arrêts pré-

cités sous les 2 n°s précédents, supr. art. 2, n°s 28 et ss.

9. Sont réputés faits de chasse et punissables, aux termes de l'art. 11, 2° un seul coup de fusil tiré sur un oiseau de proie, par un autre que le propriétaire du terrain ou ses ayant-droit, et notamment par le fils du fermier.

C. C. 13 nov. 1818. — D. 1.
514. — P.

C.C. 5 nov. 1842.—P.43.1.713.

Petit, p. 36.

10. — Le fait d'avoir été trouvé, sur un terrain propre à la chasse, armé et dans l'attitude d'un chasseur.

Même arrêt du 13 nov. 1818.

11. — Le port d'un fusil armé dans le chemin de bornage d'une forêt.

C. C. 22 janv. 1829. — S. 29.
1. 171.—D. 29. 1. 117.—P.

12. — Le fait de s'être posté avec un fusil en dehors d'une terre sur laquelle on n'avait pas le droit de chasser, mais en y envoyant des chiens pour faire sortir le gibier.

C. C. 26 sept. 1840. — S. 41.
1. 256. — D. 40. 1. 343. —
P. 41. 1. 51.

13. —... Ou en les suivant alors qu'ils chassent sur cette terre.

Rouen, 17 juin 1831.—D. 31.

2. 193. — P. 43. 1. 650 à la note.

Id. 12 janvier 1843. — D. 43. 4. 67. — P. 43. 1. 650.

Gillon, p. 227, n° 272.

Pérève, p. 260, 263 et 299.

14. — Le fait d'avoir, en parcourant un terrain sur lequel on n'a pas le droit de chasser, traqué du gibier qui s'y trouve, pendant qu'un autre chasseur, posté en dehors de ce terrain, attend le gibier pour le tirer au passage.

Rouen, 26 avril 1849. — D. 50. 2. 69. — P. 49. 2. 445.

15. — La prohibition de faire des battues sans autorisation dans les forêts confiées à la surveillance de l'administration forestière, emporte interdiction, pour les fermiers du droit de chasse, de se livrer à la chasse avec traque et battue. (Art. 25, cahier des charges de l'administration forestière.)

Cette contravention de leur part au cahier des charges de leur adjudication, constitue un délit de chasse sur le terrain d'autrui, sans autorisation du propriétaire, et est passible des peines édictées par l'art. 11, 2°.

C. C. 20 février 1847. — D. 47. 1. 86.

16. — Jugé, au contraire, que

cette prohibition ne s'applique qu'aux battues tendant à la destruction des animaux nuisibles et non à celles qui ont pour unique but la chasse du gibier.

Trib. correct. de Compiègne, 13 février 1850. — D. 50. 3. 21.

17. — La défense faite au fermier d'un droit de chasse, de rétrocéder son bail, emporte interdiction d'accorder des permissions individuelles de chasse.

Sont en conséquence réputés avoir chassé sur le terrain d'autrui, sans le consentement du propriétaire, ceux qui ont chassé munis d'une autorisation de ce fermier.

C. C. 16 juin 1848. — S. 48. 1. 636. — D. 48. 1. 136. — P. 48. 2. 496.

Id. 14 juillet 1848. — S. 48. 1. 636. — D. 48. 1. 169. — P. 48. 2. 497.

18. — Il en serait de même de ceux qui chasseraient sur un terrain dont la chasse est affermée, munis de l'autorisation d'un fermier à qui son bail interdit expressément d'en délivrer.

C. C. 18 août 1849. — D. 49. 1. 233. — P. 50. 2. 405.

19. — Jugé, au contraire, que celui qui chasse avec une autori-

ART. 11. § 3. — L'amende pourra être portée au double, si le délit a été commis sur des terres non encore dépouillées de leurs fruits, ou s'il a été commis sur un terrain entouré d'une clôture continue, faisant obstacle à toute communication avec les héritages voisins, mais non attenant à une habitation.

---

sation semblable, est exempt de toute peine, et que le fermier du droit de chasse doit seul être poursuivi pour avoir contrevenu aux clauses de son cahier de charges. (§ 7, *infr.*)

Colmar, 25 nov. 1847. — P. 48. 1. 512.

V. *infr.* les 2 arrêts cités art. 11, § 7, n° 2.

20. — Les délits de chasse sur le terrain d'autrui, sans autorisation du propriétaire ou de ses ayant-droit, ne sauraient être excusés sous prétexte de bonne foi.

V. *infr.* art. 20, n° 2.

(ART. 11, § 3.) 1. — Avant la loi du 3 mai 1844, le propriétaire ou possesseur ne pouvait chasser sur ses terres non closes chargées de récoltes. (Art. 1er, 2e alin., l. du 30 avr. 1790.)

Angers, 12 janvier 1829. — S. 29. 2. 341. — D. 30. 2. 23. — P.

C. C. 4 février 1830. — S. 30. 1. 242. — D. 30. 1. 107. — P.

Id. 16 nov. 1837. — S. 38. 1. 365. — D. 38. 1. 240. — P. 38. 2. 498.

Id. 9 juin 1838. — S. 38. 1. 982. — D. 38. 1. 369. — P. 38. 2. 505.

Poitiers, 16 nov. 1844. — S. 45. 2. 235. — D. 45. 2. 24. — P. 45. 1. 360.

2. — A cette époque, les préfets ne pouvaient ni explicitement ni implicitement autoriser la chasse, en quelque temps que ce fût, dans des terres non dépouillées de leurs récoltes. A cet égard, les dispositions de la loi du 30 avril 1790 étaient d'ordre public.

V. l'arrêt précité du 9 juin 1888.

3. — Sous l'empire de la loi du 3 mai 1844, ils peuvent chasser, et un tiers muni de leur autorisation le peut aussi, alors même que les terres seraient affermées.

Championnière, p. 96 et ss.

V. aussi l'arrêt de Poitiers cité au n° précédent.

4. — Sauf à être poursuivi si en passant il cause du dommage aux récoltes.

C. C. 4 juillet 1845. — S. 45. 1. 774. — D. 45. 1. 351. — P. 45. 2. 297.

Grenoble, 19 mars 1846. — S. 46. 2. 468. — D. 46. 2. 184. P. 46. 2. 504.

V. Camusat-Busserolles, p. 116.

5. — Le préfet ne pourrait interdire cette faculté aux propriétaires ou à leurs ayant-droit.

V. *supr.* art. 3, n°s 14 et ss.

6. — L'aggravation de peine édictée par notre § ne saurait frapper le fermier chassant dans les terres à lui affermées, terres non closes et chargées de récoltes.

Championnière, p. 99.

7. — Il n'y a pas de règles absolues pour décider ce qu'on doit regarder comme fruits dans le sens du § ci-dessus.

C'est le dommage causé, l'u-sage des lieux, la destination et l'état plus ou moins avancé des produits qui déterminent l'application de la loi.

Championnière, p. 102.

Gillon, p. 236.

8. — C'est du reste une question de fait que les tribunaux correctionnels jugent souverainement.

C. C. 31 janvier 1840. — D. 40. 1. 379.

Gillon, p. 237, n° 284.

9. — Il n'y a pas lieu de considérer comme fruits et récoltes, relativement à l'exercice du droit de chasse, tous les produits périodiques du sol, mais seulement ceux qui sont de nature à être endommagés par le passage des chasseurs et des chiens.

Ainsi, il n'y aurait pas lieu d'appliquer les peines de l'art. 11, § 3, à celui qui aurait chassé sur un terrain ensemencé en trèfle à la 3e coupe ou sur un champ planté en pommes de terre.

Orléans, 22 oct. 1844. — P. 45. 1. 11.

10. — Ni à celui qui aurait chassé dans un sainfoin coupé depuis 15 jours.

Bourges, 25 nov. 1841. — D. 43. 4. 67. — P. 42. 2. 267.

11. — Ou dans une plantation de jeunes osiers.

Grenoble, 19 mars 1846. — S. 46. 2. 468. — D. 46. 2. 184. — P. 46. 2. 504.

12. —... Ou dans un champ de pois lupins destinés à être enfouis sur le lieu même pour servir d'engrais.

Grenoble, 11 nov. 1841. — D. 42. 2. 139. — P. 42. 1. 274. — Et 45. 2. 261.

V. cependant en sens contraire :

Colmar, 4 déc. 1844. — D. 45. 4. 79. — P. 45. 2. 262.

13. —... Ou dans un champ de pommes de terre.

C. C. 31 janvier 1840. — D. 45. 4. 79. — P. 40. 2. 475.

Douai, oct. 1840. — *Gazette des Trib.* du 30 oct. 1840.

Colmar, 16 nov. 1842. — P. 43. 1. 384.

Orléans, 22 oct. 1844. — S. 45. 2. 107. — D. 45. 4. 78. — P. 44. 2. 423.

14. — Le point de savoir s'il y a lieu de considérer comme couvertes de fruits susceptibles d'être endommagés des prairies artificielles, est un véritable point de fait subordonné à la fertilité du sol, aux variations des saisons et aux usages du pays.

C. C. 31 janvier 1840 (2 arrêts). — D. 40. 1. 397. — P. 40. 2. 475. — Et 42. 2. 267.

15. — Une luzerne dont la seconde coupe a été faite et qui n'est plus destinée à être fauchée de l'année, ne saurait être considérée comme fruits dans le sens du § 3 de l'art. 11.

Mêmes arrêts.

16. — Il en serait de même d'une prairie artificielle dont la première coupe a été enlevée, encore qu'il y eût une seconde pousse destinée à rester pour graine.

C. C. 4 février 1830. — S. 30. 1. 242. — D. 30. 1. 107. — P.

17. — Mais on regarde comme chargés de récoltes :

Un champ couvert de jeunes trèfles et d'espaliers.

Grenoble, 10 novembre 1841. — D. 42. 2. 66. — P. 45. 2. 259.

18. — ..... Un terrain emblavé en froment au mois de janvier.

C. C. 16 novembre 1837. — S. 38. 1. 365. — D. 38. 1. 240. P. 38. 2. 498.

Id. 9 juin 1838. — S. 38. 1. 982. — D. 38. 1. 369. — P. 38. 2. 505.

Gillon, p. 236.

19. — ..... Des champs cou-

Art. 11. § 4. — Pourra ne pas être considéré comme délit de chasse le fait du passage des chiens courants sur l'héritage d'autrui, lorsque ces chiens seront à la suite d'un gibier lancé sur la propriété de leurs maîtres, sauf l'action civile, s'il y a lieu, en cas de dommage.

---

verts de pommes de terre, d'orge et d'avoine.

C. C. 16 janvier 1829. — D. 29. 1. 110. — P.

Id. 4 février 1830. S. 30. 1. 242. — D. 30. 1. 107. — P.

20. —... Un champ de haricots.

Orléans, 22 oct. 1844. — P. 45. 1. 11.

21. —... Une vigne dont la récolte n'est pas encore levée.

Lyon, 15 déc. 1826. — P.

Angers, 12 janvier 1829. — P.

22. — L'aggravation prononcée par ce § n'a pas lieu pour tout terrain entouré de clôture, et notamment lorsque la clôture est seulement destinée à fournir du bois ou à empêcher le passage des bestiaux. Il faut que la clôture ait pour objet de mettre le terrain à l'abri des atteintes de l'homme : tels seraient les jardins potagers ou autres, les parcs et vergers.

Championnière, p. 104.

(Art. 11, § 4.) 1. — Le droit de suite sur le gibier n'existe plus, la faculté de chasser s'arrête à la limite des propriétés sur lesquelles on a droit de chasser.

Pérève, p. 296 et ss.

2. — Ainsi le chasseur qui a blessé une pièce de gibier (un lièvre) ne peut la poursuivre et la faire prendre par son chien, sur un fonds où il n'a pas droit de chasse.

Rouen, 20 oct. 1825.

Pérève, p. 299.

Toullier, t. 4, n° 20.

Dalloz, *Répert.,* v° *Chasse,* n° 171.

3. — Il en serait autrement de celui qui, chassant sur son terrain, blesse mortellement une pièce de gibier qui va tomber sur un ter-

rain, non clos et sur lequel il n'a pas le droit de chasser. Il ne commet aucun délit en entrant sur ce terrain pour ramasser cette pièce de gibier, alors surtout qu'avant d'y entrer il a pris soin de déposer son fusil ou que ce fusil est déchargé.

V. *supr.* art. 2, nᵒˢ 28 et 29.

4. — Suivre la chasse ou tuer le gibier sur le terrain d'autrui serait un fait de chasse punissable. Il n'y a de toléré que le passage ; les chiens seuls doivent avoir pénétré ou le chasseur pour les rompre.

Championnière, p. 115.

5. — Encore, si le chasseur avait passé dans ce but sur une terre préparée ou ensemencée, serait-il passible des peines portées par l'art. 471, nᵒ 13 du Code pén.

Pérève, p. 269.

6. — Ce qui est dit du chasseur s'applique au piqueur ; il n'est pas tellement l'accessoire de la meute, qu'il puisse invoquer le bénéfice de l'exception faite pour celle-ci par le § ci-dessus transcrit.

Orléans, 12 mai 1846. V. le *Droit* du 15 mai.

C. C. 18 juillet 1846. — *Gaz. des Trib.* du 19 juillet.

Id. 13 nov. 1846. — *Droit* du 14 nov.

Trib. de Bordeaux, 4 février 1848. — *Droit* du 10 février.

Gillon, 2ᵉ supplément, p. 23.

7. — Ainsi il y a fait de chasse punissable de la part de celui qui, armé d'un fusil de chasse qu'il tient dans l'attitude d'un chasseur, suit ses chiens chassant sur le terrain d'autrui, et les suit à une distance rapprochée de la limite des deux héritages.

V. *supr.* art. 11, § 2, nᵒ 13.

8. — Il faut en dire autant de celui qui, posté en dehors d'un terrain sur lequel il n'a pas le droit de chasser, fait poursuivre sur ce terrain du gibier que ses chiens doivent lui ramener, et cela encore bien que le gibier eût été lancé sur une autre propriété.

V. *ibid.*, nᵒ 12.

9. — Jugé qu'il y a délit de chasse lorsqu'un chien se sépare d'une meute et s'en va seul chasser sur le terrain d'autrui, alors même que personne n'appuie ce chien et que la chasse se suit d'un autre côté.

Douai, 11 février [1] 1843. — S.

---

[1] Le *Journal du Palais* donne à cet arrêt la date du 10 février, et Dalloz en fait, par erreur, deux arrêts distincts.

ART. 11. § 5. — 3° Ceux qui auront contrevenu aux arrêtés des préfets concernant les oiseaux de passage, le gibier d'eau, la chasse en temps de neige, l'emploi des chiens lévriers, et aux arrêtés concernant la destruction des oiseaux et celle des animaux nuisibles ou malfaisants ;

43. 2. 153. — D. 43. 4. 67. — P. 43. 1. 323.

N. B. Cette décision est contraire à toutes les idées reçues. Il ne peut y avoir délit de chasse imputable au propriétaire d'un chien quand ce chien s'échappe pour aller seul chasser sur le terrain d'autrui.

V. les arrêts cités *infr.* art. 11, § 5, n°ˢ 5 à 8.

V. cependant Petit, t. 1ᵉʳ, p. 18.

10. — Ce qui est dit des chiens courants dans notre §, s'appliquerait par la même raison aux chiens couchants.

Championnière, p. 117.

11. — Et à des chiens qui ne peuvent être considérés qu'accidentellement comme chiens de chasse.

Gillon 1ᵉʳ supplément, p. 23.

12. — Ainsi un chasseur n'est pas punissable lorsque, accompagné d'un chien d'arrêt et d'un chien de basse cour, il a fait lever sur sa propriété et tiré un lièvre que le chien de basse cour seul, indocile à la voix de son maître, a continué de poursuivre sur le terrain d'autrui.

Metz, 8 janvier 1845.

Arrêt cité par Gillon, 1ᵉʳ supplément, p. 23.

(ART. 11, § 5.) 1. — Il y aurait lieu d'appliquer les dispositions de ce §, à celui qui en temps de neige tuerait des petits oiseaux.

V. *supr.* art. 9, n° 45.

2. — La chasse au lévrier croisé est défendue.

V. *supr.* art. 9, n° 42.

3. — L'emploi des chiens lévriers, au mépris de la prohibition générale de la loi, est punissable des peines édictées par l'art. 12 de la loi du 3 mai 1844, et non pas seulement de l'amende pro-

noncée par l'art. 11 de la même loi, bien que cette disposition se trouve surabondamment rappelée dans un arrêté préfectoral.

Nancy, 4 déc. 1844. — D. 45. 2. 5. — P. 45. 2. 416.

C. C. 19 février 1846. — S. 46. 1. 429. — D. 46. 1. 167. — P 46. 2. 72.

4. — Les peines de l'art. 11, § 5, ne sont applicables qu'autant qu'il y a infraction aux conditions prescrites par un arrêté du préfet, sur l'emploi autorisé des chiens lévriers à la destruction des animaux malfaisants et nuisibles.

Arrêt précité de Nancy du 4 déc. 1844.

5. — Le maître d'un chien lévrier est en délit lorsqu'il est trouvé suivant la grande route, en voiture, tandis que son chien parcourt la plaine sans qu'il s'y oppose.

Même arrêt de Nancy.

6. — Mais il faut que le chien chasse réellement; car s'il se contente de quitter la route de temps à autre pour aller à trente ou quarante pas dans les champs, en baissant la tête comme un chien qui est à la piste du gibier, et qu'il revienne aussitôt près de la voiture, il n'y a pas acte de chasse dont le maître puisse être responsable pour l'avoir toléré.

Nancy, 28 janvier 1846. — D. 46. 2. 69. — P. 46. 2. 155.

7. — Il faut aussi, pour que le fait de chasse soit imputable au maître, qu'il ait eu lieu soit en sa présence, soit avec son assentiment.

Ainsi un lévrier qui, guidé par son seul instinct, sort de chez son maître et parcourt la campagne à l'insu de celui-ci, ne saurait rendre le maître responsable correctionnellement de ce fait de chasse.

Le maître serait seulement responsable civilement du dommage causé par ce lévrier.

C. C. 20 nov. 1845. — D. 46. 1. 26. — P. 45. 2. 721.

Nancy, 11 février 1846. — D. 46. 2. 52. — P. 46. 2. 71.

V. en sens contraire :

Petit, t. 1er, p. 18 et 22.

8. — Si le lévrier qui a chassé accompagnait le domestique, celui-ci est en délit, et le maître n'est que civilement responsable des dommages et intérêts et frais qu'entraîne le délit.

Nancy, 18 déc. 1844.

Gaz. des Trib. du 30 janvier 1845.

Art. 11. § 6. — 4° Ceux qui auront pris ou détruit sur le terrain d'autrui des œufs ou couvées de faisans, de perdrix ou de cailles;

Art. 11. § 7. — 5° Les fermiers de la chasse, soit dans les bois soumis au régime forestier, soit sur les propriétés dont la chasse est louée au profit des communes ou établissements publics, qui auront contrevenu aux clauses et conditions de leur cahier de charges relatives à la chasse.

(Art. 11, § 6.) 1. — La vente, l'achat et le colportage des œufs de faisans, de perdrix et de cailles, ne sont pas défendus.

V. *supr.* art. 4, n° 38.

2. — La prise ou destruction des œufs ou couvées d'autres oiseaux peut être défendue par arrêté du préfet, et les contraventions à un semblable arrêté, rentrent dans l'un des cas prévus par le § précédent.

V. *ibid.* n° 39 et 40.

3. — A défaut d'arrêté du préfet, un fait de cette nature peut toujours motiver une action en dommages et intérêts de la part du propriétaire sur le terrain duquel il s'est produit.

V. *ibid.* n° 39.

4. — L'enlèvement ou la destruction de petits de toute espèce de gibier constitue un fait de chasse, et s'il a eu lieu en temps prohibé, ce fait est passible des peines portées par l'art. 12 de la loi du 3 mai 1844.

Gillon, p. 115 et 116.

Duvergier, *Coll. des Lois,* an. 1844, p. 114.

(Art. 11, § 7.) 1. — Avant la loi du 3 mai 1844, le fait de celui qui, sans en avoir le droit, menait avec lui des chasseurs dans les bois d'un hospice dont il avait affermé la chasse, ne constituait qu'une violation d'un contrat donnant lieu à des réparations civiles, lesquelles ne pouvaient être adjugées que par la juridiction civile et non par

les tribunaux correctionnels.
C. C. 30 mai 1845. — D. 45.
   4. 67. — P. 46. 1. 308.
Paris, 19 juillet 1845. — D.
   Ibid. — P. *Ibid.*

2. — L'amende prononcée par
ce § contre le fermier du droit
de chasse, pour infraction aux
clauses de son cahier de charges,
ne peut être appliquée aux personnes qui, chassant avec l'adjudicataire, ont concouru à cette
infraction.

Dijon, 24 [1] déc. 1844. — S. 45.
   2. 97. — D. 45. 2. 40. — P.
   45. 2. 713.
C. C. 29 nov. 1845. — S. 46. 1.
   143. — D. 46. 1. 21. — P.
   45. 2. 713.
Berriat, p. 139.
Petit, t. 3, p. 137.

3. — Il en est de même de celui qui chasse seul muni d'une
permission de l'adjudicataire.

V. *supr.* art. 11, § 2, n° 19.

4. — Les chasseurs pourraient
être regardés comme complices
de l'adjudicataire et condamnés
comme tels, s'ils avaient eu personnellement connaissance de la
contravention au cahier des
charges.

Gillon, p. 256.

5. — Et ceux-là seuls seraient
complices, contre lesquels on
pourrait établir qu'au moment
où on les invitait à prendre part
à la chasse, ils savaient que le
nombre des chasseurs admis par
le fermier était complet, et qu'en
s'adjoignant à eux ils dépassaient
le nombre prescrit par le cahier
des charges.

Dalloz, *Répert.* v° *Chasse,* n°
   272 *in fine.*

6. — Jugé au contraire que
les chasseurs sont personnellement passibles de peines.

V. *suprà* même art., § 2, n°°
   17 et 18.

7. — Et cela nonobstant leur
bonne foi et l'ignorance où ils
ont pu être de la contravention
qu'ils commettaient.

V. *supr.* § 2, n° 17, l'arrêt du
   16 juin 1848.

8. — L'adjudicataire de la
chasse qui se fait accompagner
de personnes autres que celles
qu'il a déclarées lors de l'adjudication, se trouve en contravention, quoique le nombre de
ces prévenus n'excède pas le
nombre des associés qu'il peut
avoir.

C. C. 8 nov. 1849. — D. 49. 4.
   204.

---

[1] Le recueil de Sirey indique par erreur, 21 décembre.

ART. 12. § 1ᵉʳ. — Seront punis d'une amende de 50 à 200 francs, et pourront en outre l'être d'un emprisonnement de six jours à deux mois :

1° Ceux qui auront chassé en temps prohibé ;

---

9. — Lorsque le cahier des charges d'une adjudication de droit de chasse dans des bois communaux prescrit à l'adjudicataire de ne laisser chasser d'autres personnes dans ces bois qu'en les accompagnant, il y a contravention à cette clause, lorsque les personnes autorisées par l'adjudicataire chassent isolément, encore bien qu'il y ait eu un lieu commun de réunion d'indiqué.

Cette dernière circonstance, ne saurait empêcher l'adjudicataire d'être passible des peines portées par l'art. 11, § ult.

C. C. 31 juillet 1851.

Gazette des Trib. du 1ᵉʳ août.

10. — En ce qui concerne la poursuite pour contravention à ce §,

V. *infrà,* art. 26, § 2, n° 35.

(ART. 12, § 1ᵉʳ.) — 1. Le jour fixé pour la clôture de la chasse est compris dans l'interdiction, et celui qui chasse ce jour-là peut être poursuivi et puni pour avoir chassé en temps prohibé.

V. *supr.* art. 3, n° 13.

2. — Un fait de chasse accompli le jour fixé pour l'ouverture de la chasse par un arrêté du préfet régulièrement publié, est licite, bien qu'un second arrêté ait reporté à une date postérieure l'époque de cette ouverture, si ce second arrêté n'avait encore reçu aucune publicité dans la commune lieu du délit, lorsqu'a été commis l'acte de chasse incriminé.

V. l'arrêt cité *supr.* art. 3, n° 11.

3. — Des traqueurs ne faisant pas acte de chasse ne sont pas passibles des peines édictées par ce § pour chasse en temps prohibé.

Dijon, 28 novembre 1845. — D. 46. 2. 5. — P. 48. 2. 413.

Journ. des arrêts de Dijon, an. 1845. — P. 192.

4. — Mais ces peines seraient applicables à celui qui chasse et

prend des petits oiseaux en temps prohibé.

Angers, 17 sept. 1845. — P. 48. 2. 413.

5. — .... Et à celui qui tue des pies dans un lieu non clos, avant l'ouverture de la chasse et avant que le préfet, les classant parmi les animaux nuisibles, n'en ait ordonné la destruction en tout temps.

Orléans, 16 sept. 1844. — P. 44. 2. 421.

6. — Il y a fait de chasse en temps prohibé de la part de celui qui, au mépris d'un arrêté du préfet qui défend la chasse dans les vignes ou autres propriétés couvertes de récoltes, y chasse du consentement du propriétaire, ou alors qu'il en est lui-même propriétaire.

Orléans, 22 janvier 1844 (2 arrêts). — S. 45. 2. 235. — D. 45. 4. 80.—P. 45. 1. 11 et 13.
Paris, 9 janvier 1846. — D. 46. 2. 30. — P. 46. 1. 125.

7. — Jugé au contraire et avec raison que ce n'est pas un fait de chasse en temps prohibé.

V. les arrêts cités *supr.* art. 3, n° 14.

8. — Lorsque ce fait est imputable à un tiers, la production par celui-ci du consentement du propriétaire enlève au fait tout caractère délictueux.

V. l'arrêt de Nîmes du 8 janvier 1846, cité *supr.* art. 3, n° 14.

Et les arrêts cités *infr.* art. 26, § 2, n° 29.

9.—A défaut de consentement, il y a lieu d'infliger les peines de l'art. 11, § 3, et non celles de l'art. 12, § 1er.

V. les arrêts de Rouen du 25 oct. 1844, et de cassation du 18 juillet 1845, cités *supr.* art 3, n° 14.

10. — Il y a fait de chasse punissable de la part de ceux qui, en temps prohibé, accompagnés de chiens courants, cherchent à faire lever un lièvre hors des limites d'un bois où il avait été lancé par eux.

C. C. 12 nov. 1848. — P. 47. 1. 520.

11. — Celui qui a chassé en temps prohibé ne peut présenter pour excuse sa bonne foi.

V. *infr.* art. 20, n° 3.

12. — Le propriétaire qui a donné son consentement à ce qu'on chassât sur ses terres en temps prohibé et qui a même prêté pour cela ses gardes et ses piqueurs, n'est pas réputé avoir fait acte de chasse en temps pro-

Art. 12. § 2. — 2° Ceux qui auront chassé pendant la nuit, ou à l'aide d'engins et instruments prohibés, ou par d'autres moyens que ceux qui sont autorisés par l'art. 9;

---

hibé, bien qu'il ait assisté à la chasse comme simple spectateur.

V. *infr.* art. 27, n° 14.

(Art. 12, § 2.) 1.—Sur le point de savoir quand il y a chasse de nuit punissable aux termes de ce paragraphe,

V. *supr.* art. 9, n°s 1, 2 et 3.

2. — La chasse au feu serait doublement punissable comme ayant eu lieu pendant la nuit, et à l'aide d'engins prohibés ou par des moyens autres que ceux que la loi autorise.

Pérève, p. 324.

V. *supr.* art. 9, n° 8, ce qui constitue la chasse au feu.

3. — Tout autre moyen pour prendre le gibier que la chasse à tir et à courre (par ex. l'emploi de filets), est prohibé par la loi du 3 mai 1844, encore que l'intention des personnes qui prennent le gibier soit de le conserver pour le faire servir à sa reproduction.

V. *supr.* art. 9, n° 4.

4. — L'emploi de chiens lévriers est punissable des peines de l'art. 12, et non de celles de l'art. 11, et cela encore que l'arrêté du préfet rappelle la prohibition de la loi à cet égard.

Il en serait autrement s'il s'agissait de contravention aux dispositions de ce même arrêté concernant l'emploi des chiens de cette espèce pour la destruction des animaux malfaisants ou nuisibles.

V. *supr.* art. 11, § 5, n°s 3 et 4.

V. pour la confiscation *infr.* art. 16, n° 4.

5. — Ce sont également les peines de l'art. 12 et non celles de l'art. 11 qu'on doit appliquer à celui qui a chassé, à l'aide de lacets, antérieurement au jour où un arrêté autorise ce mode de chasse pour les oiseaux de passage.

Un tel fait constitue non pas une infraction à cet arrêté qui n'est pas encore en cours d'exécution, mais une contravention

ART. 12. § 3. — 3° Ceux qui seront détenteurs, ou ceux qui seront trouvés munis ou porteurs, hors de leur domicile, de filets, engins ou autres instruments de chasse prohibés;

à la prohibition générale de chasser autrement qu'à tir et à courre, renfermée dans l'art. 9 de la loi du 3 mai 1844.

C. C. 4 mai 1848. — D. 48. 5. 45. — P. 48. 2. 531.

6. — Il en est de même du cas où le préfet ayant autorisé l'emploi de gluaux pour les oiseaux de passage, on se sert de gluaux avant l'époque déterminée par le préfet pour ce mode spécial de chasse.

C. C. 27 février 1845. — S. 45. 1. 387. — D. 45. 1. 169. — P. 45. 2. 123.

7. — La chasse au miroir n'est pas réputée chasse avec engin prohibé, c'est un mode spécial de la chasse à tir. Le miroir n'étant qu'un accessoire, et son emploi isolé ne pouvant servir à prendre ou tuer le gibier, mais seulement à l'attirer.

V. *supr.* art. 9, n° 6.

8. — Des traqueurs ne faisant pas acte de chasse ne sont pas passibles des peines de notre art.

pour avoir concouru à une chasse avec engins prohibés.

V. *supr.* art. 12, § 1er, n° 3.

9. — Sur la question de savoir si l'on peut chasser avec des engins prohibés dans un enclos attenant à une habitation, et si un fait de chasse de cette nature est ou n'est pas punissable,

V. *supr.* art 2, n°ˢ 6 et 7.

(ART. 12, § 3.) 1. — La défense de détenir des instruments de chasse prohibés, s'applique aux fabricants et marchands aussi bien qu'aux particuliers.

Paris, 26 déc. 1844. — S. 45. 2. 239. — D. 45. 2. 18. — P. 45. 2. 132.

C. C. 4 avril 1846 (2 arrêts). — S. 46. 1. 294. — D. 46. 1. 96.

V. Gillon, p. 265.

2. — La détention d'engins prohibés n'est pas punissable à l'égard de celui qui peut en faire légalement usage, par exemple le propriétaire d'un enclos attenant à une habitation.

V. l'arrêt de Besançon du 18 janvier 1845, cité *supr*. art. 2, n° 6.

V. aussi en ce sens :

Championnière, p. 124.

Et Berriat, p. 150 et 151.

3. — V. en sens contraire :

L'arrêt de cassation du 26 avr. 1845, cité *supr*. art. 2, n° 7.

Gillon, p. 269, n° 328.

Camusat-Busserolles, p. 136.

Et la discussion à la Chambre des pairs, séance du 28 mars 1844, *Monit*. du 29, p. 758-59.

N. B. M. Fr. Carré et M. le rapporteur répondant à M. de Gabriac, ont, tout en regardant comme punissable le fait de détention, émis cette opinion que la chasse dans l'enclos avec engins prohibés était licite.

4. — Lorsqu'aucun arrêté du préfet n'a encore déterminé les conditions du droit qu'a tout propriétaire de détruire les animaux malfaisants ou nuisibles, la détention d'un piège en fer, destiné à la capture d'animaux de cette espèce (des belettes et des fouines), ne constitue pas le délit de détention d'instruments de chasse prohibés par ce §, bien que cet instrument soit susceptible,

par sa confection, de servir accidentellement à la chasse.

C. C. 15 oct. 1844. — S. 45. 1. 132. — D. 45, 1. 26.

5. — Les instruments de chasse autorisés par les préfets pour la capture des oiseaux de passage ne sont affranchis de la saisie que lorsqu'ils sont conformes à ceux qui avaient été désignés dans les arrêtés préfectoraux, et seulement dans les départements pour lesquels ces arrêtés auront été rendus.

Paris, 26 déc. 1844. — S. 45. 2. 239. — D. 45. 2. 18. — P. 45. 2. 132.

6. — Ces instruments ne peuvent être considérés comme engins prohibés après l'époque du passage. On ne peut dès-lors les saisir à cette époque, et leur détention ne peut être incriminée.

Gillon, p. 266.

7. — Le seul fait de détention dans une maison de filets de chasse constitue un délit, indépendamment de tout usage qui pourrait en avoir été fait.

Orléans, 9 février 1846. — D. 46. 2. 42. — P. 46. 2. 700.

8. — La détention d'appeaux n'est pas plus punissable que celles d'appelants et chanterelles;

il n'y a de prohibé que la chasse avec appeaux et appelants.

Poitiers, 18 juillet 1846. — P. 46. 2. 568.

Trib. de Tours, 18 nov. 1846, *Gazette des Trib.* du 25 novembre.

9. — Ces décisions ne sauraient être suivies. La loi, en défendant de chasser avec des appeaux et appelants, en a fait des engins prohibés. La détention des appeaux est défendue chez les marchands comme chez tous autres. Quant aux appelants et chanterelles susceptibles d'être détenus à d'autres titres que celui d'engins de chasse, s'il résulte des circonstances que telle est cependant leur destination, leur détention pourra être incriminée.

V. P. 46. 2. 568, à la note.

10. — Les personnes soupçonnées d'être nanties hors de leur domicile d'engins prohibés pourront être fouillées, et la saisie de ces engins pourra être opérée *hic et nunc.*

Berriat, p. 151 et 152.

11. — Les perquisitions d'engins prohibés ne peuvent avoir lieu au domicile des citoyens que sur les réquisitions du ministère public et en vertu d'une ordonnance du juge d'instruction.

Elles sont faites par ce magistrat ou par l'officier de police judiciaire commis par lui.

Circ. minist. du 9 mai 1844.

Gillon, p. 264, n° 314, *in fine.*

Berriat, p. 148.

Camusat-Busserolles, p. 134 et ss.

12. — Il n'y a pas flagrant délit pour le fait de détention; en conséquence, le procureur de la République ne pourrait faire procéder à une perquisition dans le but de constater ce genre de délit; serait nulle la perquisition faite en vertu d'un réquisitoire émané de lui.

Rouen, 1er février 1845. — S. 45. 2. 106. — D. 45. 2. 35. — P. 45. 2. 134.

Camusat-Busserolles, p. 137.

13. — Et les objets trouvés, en faisant une pareille perquisition, ne pourraient donner lieu à des poursuites.

Même arrêt.

14. — Le préfet de police a le droit de faire à Paris tous les actes nécessaires pour constater les délits (C. inst. crim. art. 10); il peut donc faire procéder à des perquisitions domiciliaires pour arriver à constater la détention d'engins et d'instruments de chasse prohibés.

Art. 12. § 4. — 4° Ceux qui, en temps où la chasse est prohibée, auront mis en vente, acheté, transporté ou colporté du gibier;

V. l'arrêt de Paris, cité *suprà*, même §, n° 5.

15. — Ne peut servir de base à condamnation une constatation faite par le garde-champêtre, alors même que du dehors il a pu voir les engins prohibés.

Metz, 5 mars 1845.— S. 45. 2. 237. — P. 45. 2. 711.

16. — Il en est de même de celle faite par un adjoint et un garde-champêtre, qui sont sans droit ni qualité pour faire des visites domiciliaires.

Douai, 4 nov. 1847. — P. 49. 2. 518.

17. — Un garde-forestier n'a pas qualité non plus (il n'y a pas flagrant délit), pour s'introduire au domicile d'un particulier et y faire la recherche d'engins prohibés.

Rouen, 13 mars 1845. — D. 45. 4. 70.

18. — Et des gardes-forestiers qui, sous le faux prétexte de rechercher du bois de délit, pénètrent, assistés du maire, dans le domicile des citoyens et y saisissent des filets, commettent un acte illégal qui ne peut servir de base à une condamnation.

Trib. d'Epinal, jug. du 31 oct. 1844. — D. 45. 3. 34.

19. — Mais lorsque des agents forestiers, assistés de l'adjoint au maire, se présentent dans une maison pour faire une perquisition à l'effet de rechercher des bois enlevés en délit, les gendarmes qu'ils accompagnent peuvent valablement saisir des filets destinés à prendre des perdrix, encore qu'ils découvrent ces filets dans une chambre autre que celle où se trouve l'adjoint. La présence de celui-ci au domicile du délinquant est suffisante.

C. C. 18 déc. 1845. — D. 46. 1. 39. — P. 46. 2. 698.

Orléans, 9 février 1846. — D. 46. 2. 42. — P. 46. 2. 700.

(Art. 12, § 4.) 1. — L'expéditeur devrait être puni comme complice du transport de gibier en temps prohibé.

Gillon, p. 267.

ART. 12. § 5. — 5° Ceux qui auront employé des drogues ou appâts qui sont de nature à enivrer le gibier ou à le détruire ;

ART. 12. § 6. — Ceux qui auront chassé avec appeaux, appelants ou chanterelles;

---

2. — Les messageries et le conducteur commettent le délit de transport de gibier en temps prohibé, alors même que la bourriche qui le contient porte une étiquette qui annonce qu'elle contient de la volaille.

En vain dirait-on que l'administration n'a pas le droit de visiter les colis dont le transport lui est confié, et qu'elle doit s'en référer aux indications qu'ils portent sans pouvoir en vérifier l'exactitude.

Tribunal de la Seine, 21 sept. 1844.

V. le *Droit* du 22 septembre 1844.

3. — Le conducteur qui a transporté du gibier en temps prohibé, n'est passible que d'une seule amende, quel que soit le nombre des paquets de gibier et celui des procès-verbaux dressés simultanément par les employés.

V. *infr.* art. 17, n° 14.

4. — V. pour la solution des diverses questions que peut soulever l'application de ce §, les autorités citées *suprà*, sous les divers n° de l'art. 4.

(ART. 12, § 5.) 1. — Le fait de répandre dans la campagne des substances infectées de noix vomique, dans le but d'empoisonner du gibier ou des oiseaux, est punissable des peines énoncées en l'art. 12.

Jug. du Trib. correct. de Lyon du 17 mars 1847. — D. 47. 3. 69.

(ART. 12. § 6.) 1. — Il y a lieu de saisir les appeaux, appelants ou chanterelles qui sont en réalité des instruments de chasse prohibés.

Berrial, p. 155.

2. — Le préfet pourrait autoriser la chasse des oiseaux de passage avec appeaux, appelants et chanterelles.

V. *supr.* art. 9, n° 19 et 20.

ART. 12. § 7. — Les peines déterminées par le présent article pourront être portées au double contre ceux qui auront chassé pendant la nuit sur le terrain d'autrui, et par l'un des moyens spécifiés au § 2, si les chasseurs étaient munis d'une arme apparente ou cachée.

ART. 12. § 8. — Les peines déterminées par l'article 11 et par le présent article, seront toujours portées au maximum, lorsque les délits auront été commis par les gardes-champêtres ou forestiers des communes, ainsi que par les gardes-forestiers de l'Etat et des établissements publics.

(ART. 12. § 7. — . . . .

(ART. 12. § 8.) 1. — C'est le maximum de l'amende et de l'emprisonnement qu'on doit prononcer contre les gardes-champêtres.

Montpellier, 1er juillet 1844.—
    S. 44. 2. 381. — D. 44. 2.
    178. P. 44. 2. 205.

Paris, 26 sept. 1844.

V. le *Droit* du 27 sept. 1844.

Résolu implicitement en ce sens par l'arrêt cité *infr.* au n° 4.

Sic. Gillon. p. 273, n° 336.

2. — Décidé au contraire que ce n'est que le maximum de l'amende qui doit être appliqué, l'emprisonnement étant facultatif.

Paris, 9 juillet 1844.
Journal des chasseurs, an. 1844,
    p. 449.

V. en ce sens :

Berriat, p. 157 et ss.

Petit, t. 3, p. 155.

M. Morin, *Journal du Droit criminel* (août 1844), p. 256.

3. — Les dispositions de ce § sont applicables bien que le délinquant ne fût pas préposé à la

ART. 13. — Celui qui aura chassé sur le terrain d'autrui sans son consentement, si ce terrain est attenant à une maison habitée ou servant à l'habitation, et s'il est entouré d'une clôture continue faisant obstacle à toute communication avec les héritages voisins, sera puni

---

garde des propriétés sur lesquelles le délit a été commis.

C. C. 4 oct. 1844. — S. 45. 1. 106. — D. 45. 1. 221. — P. 45. 2. 118.

4. — Ainsi elles s'appliquent à un garde-champêtre chassant hors de sa commune.

Poitiers, 18 juin 1846. — S. 47. 2. 637. — P. 48. 1. 193.

V. en sens contraire :

Berriat, p. 156 et 157.

Gillon, n°ˢ 334 et 335.

N. B. L'opinion de ces deux auteurs est plus conforme à l'esprit de la loi que celle consacrée par l'arrêt de Poitiers, qui me semble s'être attaché trop judaïquement au texte. Le but du législateur a été d'étendre aux matières de chasse l'art. 198 du Code pénal; l'opinion de ces auteurs a été adoptée, avant la loi nouvelle, par la Cour suprême, dans un procès relatif à un garde-

général qui avait chassé hors de la circonscription où s'exerçait sa surveillance.

C. C. 22 février 1840. — S. 40. 1. 331. — D. 40. 1. 403. — P. 40. 1. 545.

5. — De ce qu'un garde-champêtre a été vu tenant un fusil abattu dans la main gauche le long d'un champ, il ne résulte pas que ce garde ait fait acte de chasse.

Cette attitude du garde peut être interprétée comme un temps de repos.

V. supr. art. 11, § 1ᵉʳ, n° 11.

6. — Les gardes sont passibles de peines, bien qu'ils soient munis de permis de chasse, lorsqu'ils sont du nombre de ceux auxquels il est défendu d'en délivrer.

V. supr. art. 7, n° 4.

(ART. 13.) 1. — L'article ne serait pas applicable à celui qui

d'une amende de 50 à 300 fr., et pourra l'être d'un emprisonnement de six jours à trois mois.

Si le délit a été commis pendant la nuit, le délinquant sera puni d'une amende de 100 fr. à 1,000 fr., et pourra l'être d'un emprisonnement de trois mois à deux ans, sans préjudice, dans l'un et l'autre cas, s'il y a lieu, de plus fortes peines prononcées par le Code pénal.

Art. 14. — Les peines déterminées par les trois articles qui précèdent, pourront être portées au double, si le délinquant était en état de récidive, s'il était déguisé ou masqué, s'il a pris

---

habiterait l'intérieur de l'enclos; par ex., au fermier, dans le cas où le propriétaire se serait réservé le droit de chasse.

Gillon, p. 275, n° 341.

Camusat-Busserolles, p. 149.

2. — Il ne le serait pas davantage au chasseur qui serait entré dans l'enclos par la porte qui serait restée accidentellement ouverte.

Gillon, p. 275, n° 342.

V. aussi l'arrêt de Rennes du 11 nov. 1833, cité *suprà*, art. 2, n° 24.

(Art. 14.) 1. — Pour motiver l'aggravation de peine, il n'est pas nécessaire que la violence ou les menaces soient telles qu'elles puissent constituer un délit. Il n'est pas besoin, par ex., que les menaces soient faites avec ordre ou sous condition, cas auquel elles constitueraient un délit spécial. (Art. 307 et 436, C. pén.)

Des violences légères, punies de peine de simple police (art. 605, n° 8, Code du 3 brum. an 4), suffiraient pour donner lieu à l'application du 3e alinéa de l'art.

Berriat, p. 166 et 167.

2. — Le refus de dire son nom aux agents de police judiciaire

un faux nom, s'il a usé de violence envers les personnes, ou s'il a fait des menaces, sans préjudice, s'il y a lieu, de plus fortes peines prononcées par la loi.

Lorsqu'il y aura récidive dans les cas prévus en l'art. 11, la peine de l'emprisonnement de six jours à trois mois pourra être appliquée, si le délinquant n'a pas satisfait aux condamnations précédentes.

Art. 15. — Il y a récidive lorsque, dans les douze mois qui ont précédé l'infraction, le délinquant a été condamné en vertu de la présente loi.

---

n'est pas puni par l'art. 14, sauf l'application de l'art. 25, *infrà*.

Camusat-Busserolles, p. 150 et 151.

3. — Les condamnations dont il est question dans cet art. sont celles prononcées à titre de peine ou au profit du trésor public, et non pas les dommages et intérêts et autres frais dus à la partie lésée par un précédent délit.

Gillon, p. 281.

4. — La preuve de l'exécution des condamnations pour délit de chasse ne peut être exigée dans le cas où il y a eu remise de la peine : ce fait équivaut à l'exécution de la condamnation.

Instr. du minist. de l'int. du 20 mai 1844.

(Art. 15.) 1. — Sous l'empire de la loi du 30 avril 1790, on décidait que la récidive, en matière de délits de chasse, est restreinte à la même nature de contraventions et ne peut s'étendre d'un cas à un autre.

Qu'ainsi le délit de chasse sans permis de port d'armes, prévu par le décret du 4 mai 1812, étant distinct du délit de chasse sans

permission du propriétaire, ré-
primé par la loi du 30 avril 1790,
on ne doit pas considérer comme
récidiviste celui qui, condamné
dans l'année à raison de l'un de
ces délits, est de nouveau poursuivi pour l'autre délit.

Rouen, 29 février 1844. — S.
45. 2. 363. — P. 45. 1. 106.
V. en ce sens, Petit, t. 2, p. 75
et ss.

2. — Cette décision ne serait
plus applicable sous la loi nouvelle; elle ne se concilierait plus
avec les termes de notre article.

Gillon, p. 284, n° 358.

3. — La condamnation inter-
venue dans les 12 mois qui ont
précédé l'infraction, doit être irrévocable et non susceptible de
recours.

C. C. 6 mai 1826. — S. 27. 1.
160. — D. 26. 1. 360. — P.
Id. 6 février 1832. — S. 32. 1.
449. — D. 32. 1. 116.
Id. 13 août 1836. — S. 37. 1.
1040. — D. 36. 1. 363. — P.
Berriat, p. 170.
Gillon, p. 282.
Petit, t. 2, p. 66.

4. — L'état de récidive ne peut
être établi contre un prévenu à
l'aide d'un précédent jugement
frappé d'opposition.

C. C. 6 mai 1837. — S. 38. 1.

263. — D. 37. 1. 513. — P.
38. 1. 172.

5. — De même, lorsque la 1re
condamnation a fait l'objet d'un
pourvoi qui n'est pas encore
jugé, on ne peut s'en prévaloir
pour appliquer les peines de la
récidive.

C. C. 27 avril 1833. — S. 33. 1.
703. — D. 33. 1. 225.
Id. 20 déc. 1833. — S. 34. 1.
379, n° 43.
Id. 1er mars 1834. — S. ibid.

6. — Le délai de douze mois
dont parle l'art. 15, commence à
courir du jour où les délais d'appel, d'opposition ou de pourvoi
en cassation sont expirés.

Berriat, p. 171.
V. en sens contraire :
Gillon, p. 282 et 283.
Et Petit, t. 2, p. 86.

Le délai, d'après ces auteurs,
court du jour du jugement.

7. — Si le jugement avait été
attaqué par l'une ou l'autre de
ces voies, le délai ne courrait
qu'à partir du moment où il aurait été définitivement statué sur
ces voies de recours.

C. C. 20 déc. 1833. — S. 34. 1.
379, n° 43.
Id. 21 mai 1834. — S. 34. 1.
562. — D. 34. 1. 267.
V. en ce sens :

ART. 16. — Tout jugement de condamnation prononcera la confiscation des filets, engins et autres instruments de chasse. Il ordonnera, en outre, la destruction des instruments de chasse prohibés.

Berriat, p. 171.

Gillon, p. 283.

Petit, t. 2, p. 66.

Camusat-Busserolles, p. 153.

8. — Il y a lieu d'appliquer les peines de la récidive, alors même que la citation n'articule pas la première condamnation, et qu'on ne s'en prévaut pour la première fois qu'à l'audience.

C. C. 14 nov. 1835. — D. 36. 1. 228. — P.

Berriat, p. 170.

9. — Et en cause d'appel pour la première fois, lorsqu'on a ignoré en première instance l'existence d'une condamnation antérieure.

C. C. 8 février 1821. — D. 2. 1103, n° 4.

Berriat, p. 170.

Petit, t. 2, p. 68.

10. — Il y aurait lieu à l'application de la récidive si le condamné avait été gracié, la grâce n'effaçant pas la condamnation.

C. C. 5 décemb. 1811. — D. 2. 1101. — P.

Id. 5 juillet 1821. — D. ibid. — P.

Id. 15 oct. 1825. — S. 27. 1. 50. — D. 25. 1. 74.

Id. 4 juillet 1828. — D. 28. 1. 312.

Avis du Cons. d'Etat du 2 janvier 1823. — Duvergier, Lois annotées à sa date.

Petit, t. 2, p. 67.

11. — Il en serait autrement en cas d'amnistie : elle fait disparaître la condamnation et ses effets.

C. C. 11 juin 1825. — S. 26. 1. 164. — D. 25. 1. 395. — P.

Id. 7 mars 1844.—Bull. crim., an. 1844, n° 83.

Berriat, p. 172.

Gillon, p. 282.

Petit, t. 2, p. 67.

(ART. 16.) 1. — Avant la loi

Il prononcera également la confiscation des armes, excepté dans le cas où le délit aura été commis par un individu muni d'un permis de chasse dans le temps où la chasse est autorisée.

Si les armes, filets, engins ou autres instruments de chasse n'ont pas été saisis, le délinquant sera condamné à les représenter ou à en payer la valeur, suivant la fixation qui en sera faite par le jugement, sans qu'elle puisse être au-dessous de 50 fr.

Les armes, engins ou autres instruments de chasse abandonnés par les délinquants restés inconnus, seront saisis et déposés au greffe du tribunal compétent. La confiscation et, s'il y a lieu, la destruction en seront ordonnées sur le vu du procès-verbal.

Dans tous les cas, la quotité des dommages-intérêts est laissée à l'appréciation des tribunaux.

---

du 3 mai 1844, les armes seules devaient être confisquées; les engins ou filets ne pouvaient pas l'être.

Douai, 17 septembre 1842. — S. 43. 2. 133.

C. C. 26 novembre 1842. — P. 45. 2. 722.

2. — Les appeaux, appelants ou chanterelles sont des instruments de chasse prohibés, qui doivent être saisis sur le chasseur qui s'en sert.

V. *supr.* art. 12, § 6, n° 1er.

3. — Il y aurait également lieu de saisir à domicile les appeaux,

et même, dans certaines circonstances, les appelants et chanterelles.

V. *supr.* art. 12, § 3, n° 9.

4. — Les chiens lévriers ne sauraient être compris parmi les instruments de chasse prohibés qui doivent être confisqués et détruits. En conséquence, on ne doit pas les confisquer ni les faire tuer.

Tribunal de Jonzac, 11 déc. 1844. — *Gaz. des Trib.* du 10 janvier 1845.

Gillon, 1er suppl., p. 30.

Paris, 22 janvier 1846. — *Gaz. des Trib.* du 23 janvier 1846.

Gillon, 2e suppl., p. 26.

4 *bis.* — La confiscation des filets et engins doit être prononcée, lors même qu'ils n'appartiendraient pas au chasseur.

Berriat, p. 178.

Petit, t. 3, p. 174.

5. — La confiscation du gibier ne doit pas être prononcée, lors même qu'il y aurait chasse en temps prohibé.

Berriat, p. 178.

V. *supr.* art. 4, n° 33.

6. — La confiscation de l'instrument du délit de chasse n'est que l'accessoire de la peine dont la loi punit ceux qui s'en sont servi pour commettre ce délit.

On ne peut donc, en annulant la citation, prononcer la confiscation seule contre le prévenu demeuré inconnu.

C. C. 21 juillet 1838. — P. 40. 1. 304.

7. — L'annulation de la citation devant un tribunal correctionnel dessaisit ce tribunal, qui ne peut plus, après cette annulation, ordonner la simple confiscation de l'instrument du délit.

Même arrêt.

8. — Le fonctionnaire verbalisant doit, autant que possible, faire la description de l'arme dont le délinquant était porteur.

Circ. du garde des sceaux du 9 mai 1844.

9. — Il y a lieu à confiscation de l'arme dont le chasseur était nanti, toutes les fois qu'il ne s'agit pas d'un délit commis par un individu muni d'un permis de chasse dans le temps où la chasse était autorisée.

C. C. 28 janvier 1847. — D. 47. 4. 67. — P. 47. 1. 569.

10. — Ainsi, lorsque l'administration forestière poursuit un individu qui a chassé dans une forêt communale sans autorisation de la commune et sans permis de chasse, il y a lieu de prononcer la confiscation.

Elle ne saurait être refusée sous prétexte que l'administration forestière qui poursuit n'a pas qualité pour la requérir.

Même arrêt.

11. — La confiscation de l'arme doit être prononcée alors même qu'il n'y a que prohibition de chasse momentanée, par exemple, en temps de neige.

Orléans, 27 janvier 1845.— P. 45. 1. 180.

Caen, 30 janvier 1845. — D. 45. 2. 110. — P. 45. 2. 566.

Bourges, 13 février 1845. — D. 46. 2. 48.— P. 46. 2. 17.

Caen, 27 février 1845. — D. 45. 2. 110. — P. 45. 2. 566.

C. C. 3 juillet 1845. — S. 45. 1. 773. — D. 45. 1. 336. — P. 45. 2. 672.

Id. 3 janvier 1846. — S. 46. 1. 261. — D. 46. 1. 79. — P. 46. 2. 18.

Id. 4 mai 1848. — S. 48. 1. 638. — D. 49. 1. 22. — P. 48. 2. 521.

Besançon, 22 février 1848. — S. 48. 2. 235. — P. 48. 1. 394.

Et les 3 arrêts relatés dans Sirey, 48. 2. 235, note 2.

12. — Depuis la loi du 3 mai 1844, autre chose est de chasser sur le terrain d'autrui couvert de récoltes, autre chose est de chasser en temps prohibé.

Il n'y a de temps prohibé que celui pendant lequel un arrêté interdit de chasser depuis telle époque jusqu'à telle autre.

13. — Aussi, la confiscation ne doit-elle pas être prononcée au cas de chasse sans autorisation du propriétaire, sur des terres non dépouillées de leurs récoltes (dans l'espèce ensemencées ; on était au 22 sept.), lorsque, d'ailleurs, le chasseur était muni d'un permis de chasse et que le délit a été commis après l'ouverture de la chasse.

Nancy, 17 déc. 1844. — S. 46. 2. 165. — D. 45. 2. 69. — P. 45. 2. 565.

Gillon, p. 286.

Berriat, p. 178.

14. — On confisque toutes les armes dont se sera servi le chasseur, alors même qu'elles auraient été portées par un autre que lui.

Berriat, p. 180.

Petit, t. 2, p. 20.

15. — Il y a lieu à autant de confiscations que de délits, à moins qu'on ne prouve que tous ont été commis avec la même arme.

Nancy, 15 janvier 1840. — D.

40. 2. 101. — P. 45. 2. 721.
V. en ce sens :
Gillon, p. 287.
Berriat, p. 188.
Camusat-Buss., p. 159 et 160.
Petit, t. 2, p. 22 et ss.; t. 3, p. 181 et ss.

16.— La confiscation doit être prononcée, alors même qu'il s'agit d'un fusil confié au délinquant en qualité de garde national, et bien que ce fusil soit la propriété de l'Etat.

Douai, 13 déc. 1834. — S. 35. 2, 89.—D. 38. 2. 150. — P.
Berriat, p. 179.
Gillon, p. 287.
Pérève, p. 371, n° 8.

17. — Quand la confiscation porte sur des armes de guerre, elles ne doivent pas être vendues lorsqu'elles sont d'une valeur excédant six francs, mais bien déposées à la mairie du chef-lieu de l'arrondissement par le préposé de la régie des domaines, pour être envoyées aux arsenaux. (Ord. du 24 juillet 1816, art. 8.)
Berriat, p. 182.
Pérève, p. 372.

18. — Le simple port d'armes prohibées suffit pour en motiver la confiscation.
Berriat, p. 180. ·

19. — En cas de saisie des armes ou engins, le délinquant ne pourrait être admis par jugement à reprendre ces objets déposés au greffe, en versant soit le prix de ces objets, soit la somme de cinquante francs, minimum de leur valeur fixé par la·loi.
Nancy, 31 janvier 1844. — D. 44. 2. 69. — P. 44. 2. 38.
Gillon, p. 288.

20. — Avant la loi du 3 mai 1844, le chasseur qui avait abandonné son arme pouvait venir la réclamer au greffe, après le délai de la prescription, sans qu'on pût le poursuivre. L'arme ne pouvait être confisquée, la confiscation n'étant que l'accessoire d'une peine qu'on ne pouvait prononcer contre un chasseur demeuré inconnu.
Berriat, p. 181.
N. B. Le 4° alinéa de notre article a eu pour objet d'ôter au chasseur qui a abandonné son arme la faculté de la reprendre.

21. — Jugé, avant la loi du 3 mai 1844, que l'indemnité de dix livres accordée par l'art. 1er de la loi du 30 avril 1790, était due au propriétaire, alors même qu'il n'avait éprouvé aucun dommage et que les récoltes ne lui appartenaient pas.

C. C. 23 février 1839. — D. 39. 1. 393. — P. 39. 2. 348.

N. B. L'arrêt contenait sur ce dernier point une erreur manifeste, l'art. 1er de la loi de 1790 énonçant formellement que l'amende est due *au propriétaire des fruits.*

22. — Et elle lui était allouée, bien qu'il ne réclamât pas de dommages-intérêts et ne fût pas même en cause.

Poitiers, 20 mai 1843. — S. 43. 2. 526. — D. 43. 2. 168. — P. 43. 1. 809.

23. — Jugé, au contraire, que le ministère public est sans qualité pour requérir au nom du propriétaire une indemnité pour fait de chasse sur son terrain.

Douai, 2 décembre 1836. — S. 37. 1. 825. — D. 37. 1. 332. P. 37. 2. 344.

(Arrêt contre lequel on s'était pourvu.)

(Il y a eu rejet le 18 mars 1837.)

V. en ce sens :

Petit, t. 2, p. 19.

24. — Il en serait ainsi à plus forte raison sous l'empire de la loi du 3 mai 1844, qui ne fixe pas le chiffre des dommages et intérêts; l'arrêt de Poitiers du 20 mai 1843 n'a plus de valeur juridique.

Gillon, p. 290.

N. B. Il n'y aurait lieu à indemnité qu'autant qu'il y aurait dommage causé.

25. — Les animaux sauvages n'appartiennent à personne. Dès lors, celui qui chasse sur le terrain d'autrui ne saurait être condamné à restituer le gibier qu'il y a tué; mais il serait passible de dommages et intérêts laissés à l'appréciation des tribunaux pour le tort causé au propriétaire lésé dans son droit de chasse.

Championnière, p. 153.

Duranton, t. 4, n° 283.

V. aussi *supr.* art. 1er, § 2, n°45.

26. — Avant cette loi, les dommages et intérêts pour délits de chasse commis dans les bois de la couronne ne pouvaient, aux termes des art. 198 et 202 du Code forestier (ces délits étant assimilés aux délits forestiers), être inférieurs à l'amende.

C. C. 26 décembre 1840. — S. 41. 1. 138. — D. 41. 1. 180. — P. 41. 1. 86.

Petit, t. 2, p. 38 et ss.

V. cepend. en sens contraire :

C. C. 22 mai 1830. — D. 30. 1. 290. — P.

27. — La restitution égale au montant de l'amende prononcée par l'art. 8, tit. 32, de l'ordon-

ART. 17. — En cas de conviction de plusieurs délits prévus par la présente loi, par le Code pénal ordinaire ou par les lois spéciales, la peine la plus forte sera seule prononcée.

Les peines encourues pour des faits postérieurs à la déclaration du procès-verbal de contravention pourront être cumulées, s'il y a lieu, sans préjudice des peines de la récidive.

---

nance de 1669, pour les délits de chasse dans les forêts royales, ne s'appliquait qu'aux délits prévus par cette ordonnance, mais non à ceux prévus par l'ordonnance de 1601, comme, par exemple, au fait de tirer du gibier sur les forêts de la liste civile....

V. l'arrêt précité du 22 mai 1830.

.... Alors, d'ailleurs, que le gibier a été ramassé et conservé par les gardes.

C. C. 11 avril 1840. — D. 40. 1. 411.

28. — Mais on refusait d'infliger les peines du vol à celui qu'un garde avait trouvé dans une forêt royale, emportant un faisan tué à coups de bâton. On considérait ce fait comme un simple délit de chasse passible des peines édictées par l'art. 17 de l'ord. de 1601.

C. C. 2 juin 1827. — S. 27. 1. 496. — D. 27. 1. 262. — P.

(ART. 17.) 1. — Avant la loi du 3 mai 1844, on avait induit des termes du décret du 4 mai 1812 (art. 4), que des peines distinctes devaient être prononcées toutes les fois qu'il s'agissait d'un délit prévu à la fois par ce décret et par la loi du 30 avril 1790.

Ainsi, par ex., on décidait qu'il y avait deux amendes en cas de chasse sans permis, soit sur le terrain d'autrui, soit sur des terres non dépouillées de leurs fruits ou bien en temps prohibé.

C. C. 4 déc. 1812. — D. 1. 525.

Id. 15 oct. 1813. — S. 14. 1. 69. — P.

Id. 23 février 1827. — S. 27. 1. 388. — D. 27. 1. 151.

Grenoble, 25 juin 1828. — D. 28. 2. 193. — P.

C. C. 28 nov. 1828. — S. 30. 1. 80. — D. 29. 1. 41. - P.

Bourges, 4 juin 1840. — D. 41. 2. 80. — P. 41. 1. 376.

Id. 6 mai 1841. — S. 42. 2. 22.

2. — Dans toute autre hypo-thèse, on appliquait l'art. 365 du Code d'instruction criminelle.

Ainsi, une seule amende était prononcée lorsqu'il s'agissait d'un fait de chasse prévu uniquement par la loi de 1790, bien qu'il fût accompagné de ces deux circonstances d'avoir eu lieu : 1° sur le terrain d'autrui et sans autorisation du propriétaire ; 2° sur un terrain non encore dépouillé de ses fruits, ou en temps prohibé.

Douai, 3 déc. 1836. — D. 37. 2. 79. — P. 37. 2. 74.

C. C. 18 mars 1837. — S. 37. 1. 825. — D. 37. 1. 332. — P. 37. 2. 344.

V. cependant en sens contraire :

Petit, t. 2, p. 93 et ss.

3. — Le délit de chasse sans permis de port d'armes et sans autorisation, dans une forêt régie,

quant au droit de chasse, par l'ordonnance de 1669, n'était passible que d'une seule amende.

C. C. 4 mai 1821. — S. 21. 1. 368. — D. 21. 1. 284. — P.

4. — La peine la plus forte était seule infligée dans le cas où l'on poursuivait en même temps, à raison de leur connexité, un délit de chasse et un autre délit prévu par le droit commun, ou une loi spéciale autre que celle sur la chasse.

5. — Par ex., lorsqu'on poursuivait pour vol.

C. C. 2 juin 1838. — D. 38. 1. 464. — P. 39. 1. 123.

6. —... Pour port d'armes prohibées.

C. C. 23 mai 1839. — D. 39. 1. 297.

7. —... Pour coups.

Poitiers, 20 mai 1843. — S. 43. 2. 526. — D. 43. 2. 168. — P. 43. 1. 809.

8. —... Ou pour rébellion.

Nîmes, 14 janvier 1836. — P.

Id. 21 avril 1836. — P.

C. C. 17 mai 1838. — P. 38. 2. 499 et 39. 1. 123.

Id. 2 juin 1838. — P. 39. 1. 123.

9. — V. cependant en sens contraire, pour le cas où il s'agissait à la fois d'un délit de chasse et

ART. 18. — En cas de condamnation pour dé-

d'un délit de menaces de mort avec ordre ou sous condition :

Rouen, 29 février 1844. — S. 45. 2. 363.

10. — Dans tous les cas, la confiscation de l'arme doit être prononcée.

V. les arrêts précités des 2 juin 1838, 20 mai 1843, 14 janvier et 21 avril 1836, 2 juin 1838 et 29 février 1844.

11. — Il y a lieu à autant de confiscations que de délits distincts, s'il n'est établi que la chasse a eu lieu avec les mêmes armes.

V. *supr.* art. 16, n° 15.

12. — En cas de délits de chasse dont l'un entraîne confiscation, l'autre une plus forte amende sans confiscation, cet accessoire de la peine doit être prononcé.

Championnière, p. 135.

Berriat, p. 188 et 189.

Gillon, p. 292.

V. en sens contraire :

Petit, t. 3, p. 185 et 200.

13. — Un délit de chasse est de nature à aggraver la peine du meurtre, lorsqu'il a précédé, accompagné ou suivi le meurtre.

S. 22. 1. 253.—D. 22. 1. 165.—P.

Pérève, p. 173 et ss.

N. B. Il n'en pourrait plus être ainsi aujourd'hui, à moins que le meurtre n'eût été commis pour assurer la fuite ou l'impunité du délinquant. (Art. 304, 2° al., C. pén.)

14. — Le conducteur qui a transporté du gibier en temps prohibé, n'est passible que d'une seule amende, quel que soit le nombre des paquets de gibier et celui des procès-verbaux simultanément dressés par les employés.

Trib. de la Seine, 20 sept. 1844.

V. le *Droit* du 21 septemb. 1844.

15. — Si le garde n'a pas déclaré procès-verbal au délinquant, le cumul pourra avoir lieu pour les délits postérieurs à la première citation donnée au prévenu ; cette citation équivaut à l'avertissement résultant de la déclaration.

Berriat, p. 190.

Gillon, p. 295.

Camusat-Busserolles, p. 160.

Petit, t. 3, p. 211.

(ART. 18.) . . . .

lits par la présente loi, les tribunaux pourront priver le délinquant du droit d'obtenir un permis de chasse pour un temps qui n'excèdera pas cinq ans.

ART. 19. — La gratification mentionnée en l'article 10 sera prélevée sur le produit des amendes.

Le surplus desdites amendes sera attribué aux communes sur le territoire desquelles les infractions auront été commises.

ART. 20. — L'art. 463 du Code pénal ne sera

(ART. 19.) 1. — Cette attribution des amendes aux communes a lieu aussi bien quand les délits ont été commis dans les bois soumis au régime forestier, que sur toute autre partie du territoire des communes.

Circ. du ministre des finances du 24 mai 1847, et instruct. du 3 juin suivant, n° 1784.

2. — Les amendes de chasse dont l'attribution est faite aux communes, sauf prélèvement des gratifications accordées aux rédacteurs des procès-verbaux, seront assimilées, quant aux formes de perception et de répartition, aux amendes de police rurale et municipale.

Par suite, les directeurs de l'enregistrement et des domaines délivrent, sur les caisses de leurs subordonnés, des mandats spéciaux au nom des communes intéressées.

Instruction de la comptabilité générale des finances, du 18 juillet 1844.

3. — V. en ce qui concerne les gratifications :

Art. 10, suprà.

(ART. 20.) 1. — Les délits de chasse, sans permis, ne peuvent être excusés sous prétexte de bonne foi.

C. C. 1er juillet 1826. — D. 26. 1. 40. — P.

pas applicable aux délits prévus par la présente loi.

Bourges, 27 février 1845. — S. 45. 2. 240.

2. — Il en est de même des délits de chasse sans autorisation ou en vertu d'une autorisation irrégulière ou bien insuffisante.

C. C. 4 juillet 1845. — S. 45. 1. 774.

Id. 16 juin 1848. — S. 48. 1. 636. — D. 48. 1. 136.

V. aussi l'arrêt du 5 février 1848, *supr.* art. 1er, § 2, n° 37.

3. — Et des délits de chasse en temps prohibé.

C. C. 12 avril 1845. — S. 45. 1. 470. — D. 45. 1. 252. — P. 45. 2. 153.

V. en ce sens :

Berriat, p. 107.

Gillon, p. 208 et ss.

4. — V. en sens contraire :

Championnière, p. 138 à 144.

Camusat-Busserolles, p. 110 et ss.

Morin, *Journal de Droit criminel,* année 1844, p. 169.

Et la note 18 sur la loi du 3 mai 1844. — S. 44. 2. 284.

V. aussi *supr.* art. 11, § 7, n°^{s} 2, 3, 4 et 5.

5. — Jugé dans ce dernier sens, qu'il n'y a pas délit de la part de ceux qui, en faisant une battue prescrite par un arrêté préfectoral pour la destruction des animaux nuisibles, ont franchi de bonne foi les limites du département et pénétré dans une forêt sise dans un département voisin.

Ils ne peuvent, en conséquence, être poursuivis pour fait de chasse en temps de neige et sans autorisation du propriétaire de la forêt.

Nancy, 11 mai 1850. — P. 50. 2. 73.

6. — La bonne foi devrait être une cause d'excuse dans le cas où un chasseur représenterait une permission de chasse délivrée par les propriétaires, postérieurement à la concession que ceux-ci auraient faite du droit de chasse à une autre personne.

Colmar, 29 déc. 1821.

V. *suprà,* art. 11, § 2, n° 5.

7. — Dans les matières où il n'y a pas d'intention à examiner, et notamment en matière de chasse, il ne peut y avoir de circonstances atténuantes.

Discussion de la loi. — Ré-

SECTION III.

De la poursuite et du jugement.

Art. 21. — Les délits prévus par la présente loi seront prouvés, soit par procès-verbaux ou rapports, soit par témoins à défaut de rapports et procès-verbaux, ou à leur appui.

ponse de M. Franck Carré à M. Persil. — Séance de la chambre des pairs, du 20 mai 1843. — *Monit.*, p. 1238.

8. — Dans le cas où un délit de chasse a été commis concurremment avec un autre délit prévu par le Code pénal et emportant une peine plus forte, l'art. 463 pourra être appliqué dans toute sa latitude.

Petit, t. 3, p. 204 et ss.

9. — V. en sens contraire, M. Berriat (p. 197 et 198), qui pense que la peine diminuée en vertu de l'application de l'art. 463 ne pourra pas descendre au-dessous du minimum de la peine du délit de chasse.

N. B. Cette opinion doit préva-loir sur celle émise par M. Petit.

(Art. 21.) 1. — L'aveu du prévenu d'un délit de chasse suffit pour la preuve du délit et l'application de la peine.

C. C. 4 sept. 1847. — S. 48. 1. 409. — D. 47. 4. 74 et 48. 5. 44.

Id. 29 juin 1848. D. 48. 5. 44.

Pérève, p. 105.

2. — Jugé, au contraire, que cet aveu ne suffit pas et qu'une cour royale n'a pas violé la loi, lorsqu'en annulant pour vice de forme un procès-verbal constatant un délit de chasse sans permis de port d'armes, elle a acquitté le prévenu nonobstant ses aveux.

C. C. 15 décembre 1814.

Arrêt inédit rapporté par Mangin.— *Traité des procès-verbaux*, p. 40.

V. *infr.* en sens contr. même art., n° 6.

3. — Le nombre des témoins n'est pas fixé, un seul digne de foi peut suffire.

Déjà, avant la loi du 3 mai 1844, on jugeait que l'art. 11 de la loi du 30 avril 1790, qui exigeait deux témoins pour la preuve des délits de chasse, avait été abrogé par les art. 154 et 189 du Code d'instruction criminelle.

C. C. 26 août 1830. — S. 30. 1. 401. — D. 30. 1. 362. — P.

Id. 7 février 1835. — S. 35. 1. 564. — D. 35. 1. 222. — P.

C. C. belge, 1er mai 1835. —P.

C. C. 19 février 1836. — P.

Douai, 5 déc. 1836. — D. 37. 2. 80. — P.

Bourges, 12 mai 1837. — D. 38. 2. 89. — P. 37. 2. 401.

4. — On peut entendre des témoins à l'appui des procès-verbaux, et en cas d'insuffisance ou d'irrégularité de ces procès-verbaux.

V. *infrà*, art. 22, n°s 3, 4 et 5.

5. —En cas d'annulation, pour vice de forme, du procès-verbal constatant un délit de chasse, si le ministère public n'a pas offert de prouver subsidiairement par témoins l'existence de ce délit, le tribunal n'est pas obligé de remettre la cause à une audience ultérieure pour que cette preuve puisse être administrée.

C. C. 4 septembre 1847. — P. 48. 1. 510.

6. — Lorsque le prévenu d'un délit de chasse s'en reconnaît l'auteur en proposant une excuse, le tribunal doit admettre l'excuse ou appliquer la peine du délit, sans pouvoir renvoyer le prévenu de la poursuite, sous prétexte que le procès-verbal qui constate ce délit serait nul en la forme.

C. C. 4 sept. 1847. — D. 47. 4. 74 et 48. 5. 44. — P. 48. 1. 510.

7. — Lorsqu'un procès-verbal constate qu'un individu a été trouvé chassant sans permis de port d'armes, cet individu ne peut être acquitté si les faits du procès-verbal n'ont pas été détruits par une preuve contraire, et si le permis de port d'armes (actuellement le permis de chasse) n'est pas représenté.

C. C. 4 février 1819. — D. 1. 524.

Id. 5 fév. 1819. — D. 1. 525.

8.—Les tribunaux ne peuvent, en rejetant comme irréguliers et insuffisants les procès-verbaux des gardes-champêtres, les condamner personnellement aux frais du procès auquel ils ont donné lieu.

Pérève, p. 153 et 154.

9. — Il n'est pas nécessaire que les officiers de police judiciaire avertissent les contrevenants qu'ils vont dresser procès-verbal contre eux.

10. — Les gardes-champêtres qui ne peuvent écrire eux-mêmes leurs procès-verbaux, doivent, à peine de nullité, les faire écrire par les juges de paix, leurs suppléants ou leurs greffiers, les maires et les adjoints.

Petit, t. 1er, p. 348.

11. — Les procès-verbaux des gardes particuliers doivent être faits sur timbre en acquittant les droits. Ceux des gendarmes, préposés, gardes-champêtres et forestiers autres que ceux des particuliers, doivent être, dans les 4 jours, visés pour timbre et enregistrés en débet, lorsqu'il n'y a pas de partie civile poursuivante. (Art. 70, l. du 25 mars 1817.)

Pérève, p. 77.

12. — Les procès-verbaux ne sont pas nuls faute d'enregistrement, hors les cas où la loi a fait de cette omission une cause spéciale de nullité : par ex., en matière forestière. (Art. 170, C. for.)

Berriat, p. 201.

Pérève, p. 78.

Mangin, p. 60.

13. — Et dans ce cas, la nullité ne peut être invoquée que quand les procès-verbaux sont produits dans l'intérêt des particuliers, et jamais quand ils le sont par le ministère public ou à sa requête.

C. C. 5 mars 1819. — S. 19. 1. 294.—D. 2. 1058, n° 9. — P.

Id. 16 janvier 1824. — S. 24. 1. 229. —D. 24. 1. 115. — P.

Id. 23 février 1827. — S. 27. 1. 360.—D. 27. 1. 151. — P.

Id. 27 juillet 1827. — S. 28. 1. 27. — D. 27. 1. 446. — P.

Id. 2 août 1828 (4 arrêts). — S. 28. 1. 433.—D. 28. 1. 368. — P.

Id. 4 janvier 1834. — D. 34. 1. 76. — P.

V. en ce sens : Pérève, p. 78. Mangin, p. 61.

14. — Jugé en sens contraire pour les procès-verbaux des gardes-champêtres et forestiers : ils sont nuls sans distinction.

Bourges, 12 mai 1836. — D. 38. 2. 89. — P. 37. 2. 401.

N. B. Cet arrêt ne me semble

7

Art. 22. — Les procès-verbaux des maires et adjoints, commissaires de police, officier, maréchal-des-logis où brigadier de gendarmerie, gendarmes, gardes-forestiers, gardes-pêche, gardes-champêtres ou gardes assermentés des particuliers, feront foi jusqu'à preuve contraire.

pas devoir prévaloir sur la jurisprudence antérieure.

15. — Les procès-verbaux des gendarmes ne sont pas nuls pour n'avoir pas été enregistrés dans les 4 jours.

Pérève, p. 78.

(Art. 22). 1. — Avant la loi du 3 mai 1844, les procès-verbaux des gardes-forestiers constatant un délit de chasse en forêt, ne pouvaient être attaqués par la preuve contraire.

C.C. 26 av. 1845.—D. 45.1.224.

N. B. — Cet arrêt n'est plus applicable. Il cassait un jugement rendu avant la loi du 3 mai qui change les principes admis sur ce point avant sa promulgation.

2. — Les procès-verbaux de la gendarmerie, constatant des délits de chasse, sont valables quoique dressés par un seul gendarme.

C. C. 30 nov. 1827. — S. 28. 1. 149. — D. 28. 1. 39. — P. Id. 10 mai 1839 (3 arrêts).— D. 39. 1. 384. — P. 40. 1. 134. Berriat, p. 212.

3. — En cas de nullité, d'irrégularité ou d'insuffisance du procès-verbal constatant un délit de chasse, on peut entendre comme témoins et les rédacteurs du procès-verbal et le fonctionnaire devant lequel l'affirmation en aurait été faite.

C. C. 3 février 1820. — S. 20. 1. 186.—D. 20. 1. 134.— P. Id. 17 avril 1823. — S. 23. 1. 283. — D. 23. 1. 173. — P. Orléans, 10 mars 1846. — P. 48. 2. 460.

Pérève, p. 110.

4. — La preuve par témoins d'un délit de chasse peut être admise en appel comme en première instance, lorsque le procès-verbal destiné à constater ce

délit est reconnu insuffisant. (Art. 154, 189 et 201, C. instr. crim.)

C. C. 1er décembre 1826. — S. 27. 1. 512. — D. 27. 1. 350. — P.

Id. 3 juillet 1840. — P. 41. 2. 119.

Pérève, p. 111 et 112.

5. — Lorsqu'il y a réellement fait de chasse punissable, les tribunaux ne peuvent, en annulant le procès-verbal qui le constate, refuser de faire entendre les témoins que demande à produire le ministère public, et cela sous prétexte que la preuve était non pertinente et que les faits ne constituaient pas de délit.

C. C. 12 nov. 1846. — P. 47. 1. 520.

6. — Cette énumération des fonctionnaires qui constateront les délits de chasse est exclusive de tous autres, et contient une dérogation au Code d'instruction criminelle.

Petit, t. 3, p. 216.

7. — Au contraire, cette énumération laisse subsister les principes du droit commun, notamment en ce qui concerne les membres du ministère public, les juges de paix, les juges d'instruction, les préfets des départe-

ments et le préfet de police. Les délits de chasse, comme tous les délits flagrants, peuvent être par eux constatés.

Elle n'a été faite que lorsqu'il s'est agi de savoir quelle foi serait due aux procès-verbaux.

Berriat, p. 208 et ss.

8. — Le juge d'instruction peut faire ou faire faire des perquisitions à l'effet de découvrir des engins prohibés et constater le fait de leur détention.

V. *supr.* art. 12, § 3, n° 11.

9. — Et le procès-verbal dressé par ce magistrat fera foi jusqu'à preuve contraire.

Berriat, p. 210 et 211.

10. — Le préfet de police a les mêmes droits, en cette matière, que le juge d'instruction.

V. *supr.* art. 12, § 3, n° 14.

11. — Au nombre des fonctionnaires pouvant constater les délits de chasse, on doit ranger les agents forestiers, c'est-à-dire les conservateurs, inspecteurs et sous-inspecteurs des forêts, les arpenteurs et ingénieurs forestiers, dans les bois soumis au régime forestier.

Berriat, p. 211.

12. — Leurs procès-verbaux font foi jusqu'à inscription de faux, et doivent être, à peine de

nullité, notifiés avec la citation aux délinquants.

Pérève, p. 101 et 137.

13. — Les gardes municipaux (actuellement les gardes républicains) à Paris, et les voltigeurs corses, dans l'île de Corse, ont qualité pour constater les délits de chasse reconnus dans l'étendue de leur service.

Berriat, p. 211 et 212.

14. — Les gardes adjoints connus sous le nom de gardes-messiers et gardes-vignes, et dont les fonctions ne sont que temporaires, ont, pendant le temps des moissons ou des vendanges, qualité pour constater les délits de chasse.

Berriat, p. 212.

15. — Mais les agents et appariteurs de police, sergents de ville, inspecteurs de police, veilleurs de nuit, n'ayant qualité que pour faire de simples rapports, ne peuvent constater un délit de chasse.

Leurs procès-verbaux ne sauraient faire foi seuls et en l'absence de toute autre preuve.

C. C. 17 août 1827. — S. 29. 1. 348. — D. 29. 1. 330.

Id. 13 mai 1831. — D. 31. 1. 270.

Id. 14 juillet 1838. — S. 39. 1. 240.

Id. 30 mars 1839. — S. 39. 1. 448. — D. 39. 1. 306. — P. 39. 2. 293.

Id. 18 oct. 1839. — S. 40. 1. 190. — D. 40. 1. 380.

Berriat, p. 211.

16. — Il en est de même d'un procès-verbal dressé sur le rapport d'un de ces agents, par un commissaire de police qui n'a pas vérifié lui-même les faits.

C. C. 30 juin 1838. — S. 39. 1. 240.

17. — La compétence des fonctionnaires chargés de constater les délits de chasse est restreinte au territoire sur lequel s'exerce leur surveillance.

Berriat, p. 213.

Gillon, p. 305 et 306.

18. — Ainsi, serait nul le procès-verbal d'un garde-forestier, constatant un délit de chasse commis en plaine.

C. C. 18 oct. 1827. — S. 28. 1. 194. — D. 28. 1. 6. — P.

Id. 9 mai 1828. — S. 28. 1. 333. — D. 28. 1. 242.

Id. 12 nov. 1846. — P. 47. 1. 520.

Pérève, p 165.

19. — Cependant le garde-forestier aurait qualité si le champ, lieu du délit, était enclavé dans un bois confié à sa garde.

ART. 23. — Les procès-verbaux des employés des contributions indirectes et des octrois feront

Grenoble, 13 sept. 1834. — D. 35. 2. 32. — P.

20. — Les gardes-particuliers n'ont qualité pour dresser des procès-verbaux pouvant légalement constater les délits et contraventions, que dans les limites du territoire pour lequel ils sont assermentés. Un tribunal violerait la loi s'il attribuait un effet légal aux procès-verbaux que dresseraient ces gardes en dehors du territoire de leurs mandants.

C. C. 4 mars 1828. — S. 28. 1. 136. — D. 28. 1. 159. — P.

21. — De même, le garde particulier d'une personne est sans qualité pour constater les délits commis au préjudice d'une autre personne.

Bruxelles, 31 mars 1825. — P.

22. — Mais si leur procès-verbal ne fait pas foi des faits qu'il énonce, leur témoignage peut être reçu comme celui de tout autre particulier et peut servir de base à une condamnation basée sur la déposition qu'ils font à l'audience.

Paris, 26 sept. 1844. V. le *Droit* du 27 sept.

Gillon, 1er supplément, p. 32.

23. — Les gendarmes et sous-officiers de gendarmerie sont compétents, non-seulement dans la circonscription de leurs brigades, mais encore partout où les appelle leur service. (Ord. du 29 oct. 1820, art. 179, 188 et 208.)

Berriat, p. 213.

Gillon, p. 306.

Petit, t. 1er, p. 330.

24. — Un garde-champêtre ne peut constater, avant d'avoir rempli les formalités prescrites par le Code d'instruction criminelle, le délit de chasse avec engins prohibés dans un enclos attenant à une habitation.

Son procès-verbal n'aurait aucune valeur, alors même qu'il aurait vu le fait de chasse du dehors de la propriété close, pardessus la haie qui lui sert de clôture.

Metz, 5 mars 1845. — S. 45. 2. 237. — P. 45. 2. 711.

(Art. 23.) 1. — Les employés des contributions indirectes ne peuvent s'introduire chez un dé

également foi jusqu'à preuve contraire, lorsque, dans la limite de leurs attributions respectives, ces agents rechercheront et constateront les délits prévus par le paragraphe premier de l'art. 4.

Art. 24. — Dans les vingt-quatre heures du délit, les procès-verbaux des gardes seront, à peine de nullité, affirmés par les rédacteurs devant le juge de paix ou l'un de ses suppléants, ou devant le maire ou l'adjoint soit de la commune de leur résidence, soit de celle où le délit aura été commis.

---

bitant dans le seul but d'y constater un délit de vente ou de mise en vente de gibier.

Camusat-Busserolles, p. 168.

2. — La qualification de lapin de garenne donnée à un lapin de clapier dans le procès - verbal d'un employé de l'octroi, peut être détruite par l'affirmation contraire de la part de tiers et par un certificat du maire de la commune où le lapin a été élevé.

Bordeaux, 12 février 1845. — D. 45. 4. 72. — P. 45. 2. 233.

(Art. 24.) 1. — Les prescriptions de cet art. s'appliquent aux

procès-verbaux des employés des contributions indirectes et des octrois.

Circul. du direct. de l'administ. des contrib. indir. du 25 juin 1844.

2. — Mais elles ne sont pas applicables aux procès-verbaux des gendarmes, pas plus qu'elles ne l'étaient avant la loi du 3 mai 1844.

C. C. 24 mai 1821. — S. 21. 1. 284. — P.

Id. 30 juillet 1825. — S. 25. 1. 367. — D. 25. 1. 429. — P.

V. aussi Mangin, p. 32.

Et Gillon, p. 313.

3.— Ni à ceux que dresseraient

les commissaires de police, maires ou adjoints.

Gillon, *ibid.*, n° 405.

4. — Un procès-verbal affirmé le lendemain de sa clôture, est réputé avoir été affirmé dans les 24 heures, lorsque la clôture du procès-verbal est indiquée simplement par la date du jour et non par celle de l'heure.

Berriat, p. 220.

Mangin, p. 228 et 229.

C. C. 24 août 1820, cité par Mangin.

5. — Il en serait autrement du cas où la clôture serait désignée par le jour et par l'heure à laquelle elle a eu lieu, tandis que l'affirmation mentionne simplement le jour et non pas l'heure où elle a été faite.

Mangin, p. 229 et ss.

Gillon, p. 312, n° 403.

6. — Jugé, depuis la loi du 3 mai 1844, que l'énonciation précise de l'heure à laquelle l'affirmation a eu lieu est, dans tous les cas, nécessaire pour constater l'accomplissement de cette formalité.

C. C. 4 sept. 1847. — S. 48. 1. 409. — P. 48. 1. 510.

7. — Les procès-verbaux des délits de chasse, dressés par les gardes-forestiers, doivent être affirmés *dans les 24 heures du délit,* comme ceux dressés par tous agents. A cet égard, il y a dérogation à la règle du Code forestier qui, pour l'affirmation des procès-verbaux constatant des délits forestiers, accorde toute la journée du lendemain de la clôture des procès-verbaux.

Même arrêt.

8. — Les formalités tracées par l'art. 165, § 2 du Code forestier, pour les procès-verbaux dressés en matière forestière, ne sont pas applicables aux procès-verbaux dressés par des agents forestiers pour délit de chasse : ces derniers procès-verbaux ne sont soumis qu'aux formalités exigées par l'art. 24 de la loi du 3 mai 1844.

En conséquence, un procès-verbal de délit de chasse, bien qu'il n'ait pas été écrit en entier de la main du garde-forestier, et qu'il n'ait pas été fait mention que le maire, en recevant l'affirmation de celui-ci, lui en a donné lecture, est néanmoins valable.

Dijon, 18 décembre 1844. — D. 45. 2. 61. — P. 45. 2. 120.

Journal des arrêts de Dijon, an. 1845, p. 18.

9. — Les membres du conseil

municipal ne sont pas des agents du pouvoir, leurs attributions se bornent à la surveillance des intérêts de la commune; c'est pourquoi ils ne peuvent, en l'absence du maire et de son adjoint, recevoir l'affirmation des procès-verbaux des gardes-forestiers. (L. du 28 pluv. an 8.)

C. C. 18 nov. 1808. — S. 20. 1. 457. — D. 9. 2. 41. — P.

Mangin, p. 227.

Gillon, p. 315, n° 410.

10. — Cette décision ne saurait être suivie; un conseiller municipal pris dans l'ordre du tableau remplace le maire et l'adjoint empêchés : ce que ceux-ci pourraient faire, il le peut également; en conséquence, il a qualité pour recevoir les affirmations. (L. du 21 mars 1831, art. 5.)

V. en ce sens :

Berriat, p. 219.

Pérève, p. 70.

Petit, t. 3, p. 229.

11.— Le magistrat qui a rédigé le procès-verbal du garde sous sa dictée peut aussi en recevoir l'affirmation, s'il est du nombre des fonctionnaires devant qui cette affirmation peut être faite.

C. C. 20 août 1825. — D. 25. 1. 441.

Mangin, p. 228, n° 411.

Berriat, p. 220.

Gillon, p. 314.

12. — Dans ce cas, le procès-verbal ne serait pas nul pour défaut de signature du garde, si cette signature se trouve après l'affirmation.

C. C. 19 juillet 1828. — D. 28. 1. 339. — P.

Pérève, p. 68.

V. en sens contraire :

Bourges, 24 nov. 1836. — P. 37. 2. 41.

13. — Il n'y aurait pas besoin de deux signatures si le maire rédigeait le procès-verbal sous forme de déclaration suivie de l'affirmation, ne faisant qu'un seul tout suivi d'une seule clôture pour les deux.

14. — Les fonctionnaires désignés par notre article ne peuvent refuser de recevoir l'affirmation des procès-verbaux.

Pérève, p. 70, n° 11.

15. — Lorsqu'un procès-verbal est annulé pour défaut d'affirmation dans les 24 heures, le délit de chasse pourra être prouvé par témoins.

Gillon, p. 313.

Camusat-Busserolles, p. 169.

16.—En cas d'annulation d'un procès-verbal pour omission de

Art. 25. — Les délinquants ne pourront être saisis ni désarmés; néanmoins, s'ils sont déguisés ou masqués, s'ils refusent de faire connaître leurs noms, ou s'ils n'ont pas de domicile connu, ils seront conduits immédiatement devant le maire ou le juge de paix, lequel s'assurera de leur individualité.

Art. 26, § 1er. — Tous les délits prévus par la présente loi seront poursuivis d'office par le ministère public, sans préjudice du droit conféré

l'affirmation, et à défaut d'autres preuves contre le prévenu, il doit être renvoyé de la plainte.

C. C. 10 déc. 1824. — S. 25. 1. 232. — D. 25. 1. 76. — P. Pérève, p. 71.

(Art. 25.) 1. — On ne peut saisir le gibier sur le chasseur.

V. *supr.* art. 4, n° 33.

2. — Les gardes ne peuvent désarmer les chasseurs.

Cependant, lorsque les chasseurs masqués ou refusant de faire connaître leur nom, ou n'ayant pas de domicile connu, conduits devant le maire, se trouveront être des vagabonds ou des gens sans aveu, ils seront désarmés.

Championnière, p. 150.

3. — Ils pourront l'être également s'ils font rébellion.

Berriat, p. 224.

4. — On peut saisir les engins et instruments de chasse prohibés et même fouiller les personnes soupçonnées d'en être nanties.

V. *supr.* art. 12, § 3, n° 10.

5. — Si le chasseur se donne un faux nom et qu'il paraisse évident au garde que ce nom ne lui appartient pas, il pourra y avoir lieu à arrestation.

Berriat, p. 223.

(Art. 26, § 1er.) 1. — La poursuite appartient au propriétaire du terrain sur lequel le fait de

aux parties lésées, par l'art. 182 du Code d'instruction criminelle.

---

chasse a eu lieu, ou à tout autre jouissant en son lieu et place du droit de chasse.

Petit, t. 1er, p. 369.

Ainsi, par exemple, à l'usufruitier.

Duranton, t. 4, p. 545.

2. — L'administration forestière a qualité pour poursuivre les délits de chasse, même ceux commis en temps non prohibé, dans les bois communaux, alors même que la chasse dans ces bois est affermée et que le fermier ne se plaint pas, et indépendamment de l'action en dommages et intérêts de ce fermier.

C. C. 23 mai 1835.— S. 35. 1. 857. — D. 35. 1. 324. — P. 46. 2. 31.

Id. 8 mai 1841. — S. 42. 1. 230. — D. 41. 1. 404. — P. 46. 2. 31.

Id. 22 février 1844. — S. 44. 1. 680. — P. 45. 1. 436.

Id. 16 août 1844. — S. 45. 1. 16. — D. 44. 4. 62. — P. 45. 1. 436.

Id. 9 janv. 1846.—S. 46. 1. 258. —D. 46. 1. 73.—P. 46. 2. 32.

Paris, 2 avril 1846. — S. 46. 2. 166. — P. 46. 2. 32.

C. C. 7 septembre 1849. — S. 50. 1. 415. — D. 49. 5. 40. — P. 50. 2. 471.

V. en ce sens :

Gillon, p. 336.

Pérève, p. 85, n° 20.

Petit, t. 1er, p. 301.

Chardon, p. 430.

Et Meaume, *Comment. du Code forest.*, n° 1419.

3. — Toutefois, si l'administration peut poursuivre pour fait de chasse sur le sol forestier, elle est non recevable à poursuivre pour chasse sans permis.

C. C. 28 janvier 1847. — P. 45. 1. 569.

4.—Le ministère public pourrait poursuivre aussi bien que l'administration forestière, et cela sans même qu'il y eût de plainte préalable.

V. *infr.* même art., § 2, n° 25.

5. — Le fermier de la chasse aurait aussi le même droit que l'administration forestière.

C. C. 21 janvier 1837. — S. 37. 1. 150. — D. 37. 1. 503. — P. 37. 1. 617.

Gillon, p. 335.

Pérève, p. 85, n° 21, et 286, n° 10.

6. — Les parties lésées ont aussi le droit d'agir au civil. (Art. 3, C. inst. crim.)

Gillon, p. 337.

Pérève, p. 81.

7. — Les délits de chasse se portent devant le tribunal correctionnel.

Gillon, p. 319.

Petit, t. 1er, p. 394.

8. — Le tribunal compétent est celui du lieu du délit, ou bien celui de la résidence du prévenu, ou bien encore celui du lieu où le prévenu pourra être trouvé. (Art. 23, 63 et 69, C. inst. crim.)

Championnière, p. 151.

Gillon, p. 320.

Berriat, p. 234.

Dalloz, *Répert.*, v° *Chasse*, n° 439.

V. Petit, t. 1er, p. 394 et ss., qui pense qu'il n'y a de compétent que le tribunal du lieu du délit ou celui de la résidence.

9. — Si le délinquant est un officier de police judiciaire ou l'un des fonctionnaires désignés soit aux art. 479 et ss. du Code d'inst. crim., soit dans les art. 10 et 18 de la loi du 20 avril 1810, il sera poursuivi devant la cour d'appel.

V. les auteurs cités au n° précédent.

10. — Ce privilège d'une juridiction supérieure s'applique aux suppléants des juges de paix.

C. C. 4 juin 1830. — S. 30. 1. 206. — D. 30. 1. 278. — P. Paris, 7 décembre 1844. — P. 45. 2. 260.

Gillon, p. 320.

Petit, t. 1er, p. 403.

11. — ....Et aux juges suppléants des tribunaux civils.

C. C. 20 mai 1826. — S. 27. 1. 164. — D. 26. 1. 367. — P. *Id.* 13 janvier 1843. — S. 43. 1. 357. — P. 45. 2. 747.

Gillon, *loc. cit.*

Petit, t. 1er, p. 403.

12. — Ce privilège compète au magistrat poursuivi, encore qu'il ait cessé ses fonctions avant toutes poursuites.

C. C. 14 janvier 1832. — S. 32. 1. 258. — D. 32. 1. 56. — P. *Id.* 13 janvier 1843. — S. 43. 1. 357. — P. 45. 2. 747.

13. — Mais il ne s'étendrait pas aux greffiers.

C. C. 4 juillet 1846. — P. 46. 2. 350.

Orléans, 10 août 1846. — P. *ibid.*

V. en ce sens : Gillon, p. 321, et 2e suppl., p. 28.

Petit, t. 1er, p. 404.

14. — ... Ni aux commis-greffiers assermentés.

Poitiers, 28 avril 1842. — P. 42. 2. 644.

Gillon, loc. cit.

Petit, t. 1er, p. 405.

15. — ... Ni aux membres des tribunaux de commerce.

Gillon, ibid.

Petit, t. 1er, p. 405.

16.—...Ni aux officiers de police judiciaire autres que ceux désignés dans l'art. 479, C. inst. crim.

Gillon, ibid.

Legraverend, t. 1er, p. 499.

17.— Les gardes sont les seuls officiers de police judiciaire et les seuls parmi les fonctionnaires et agents désignés dans l'art. 483 du Code d'instruction criminelle, qui puissent être traduits devant la cour pour délit de chasse commis dans l'exercice de leurs fonctions.

Gillon, p. 322.

18. — Et il en est ainsi des gardes-champêtres et forestiers des particuliers qui ont le caractère d'officiers de police judiciaire, lorsqu'ils sont dans l'exercice de leurs fonctions.

C. C. 16 février 1821.—D. 23. 1. 484. — P.

Id. 9 mars 1838. — D. 38. 1. 254. — P. 40. 1. 254.

Id. 5 août 1841. — P. 43. 1. 738.

Berriat, p. 134.

19. — Un garde qui parcourt des bois confiés à sa surveillance, est nécessairement dans l'exercice de ses fonctions; et lorsque dans ce parcours il commet des délits que son devoir est de prévenir et de constater, il doit être traduit devant la cour.

C. C. 19 juillet 1822. — D. 23. 1. 485.

20. — Il en est ainsi lorsqu'un garde-forestier est trouvé chassant dans un bois confié à sa surveillance.

C. C. 5 mars 1846. — P. 46. 2. 72.

21. — Mais un garde-forestier trouvé chassant dans un champ ou dans un pré non enclavé dans la forêt, ne peut être réputé avoir commis le délit dans l'exercice de ses fonctions, et doit dès-lors être poursuivi devant la juridiction ordinaire.

Grenoble, 13 sept. 1834. — D. 35. 2. 32. — P.

22. — Il en est de même d'un garde-champêtre chassant sur des terrains non soumis à sa surveillance.

Bourges, 13 février 1845. — D. 46. 2. 48.— P. 46. 2. 17.

23. — Et d'un garde-pêche qui a chassé sur un terrain non soumis au régime forestier et où il n'a pas le droit de verbaliser lui-même.

Orléans, 25 nov. 1847. — P. 48. 1. 243.

24. — Le garde-champêtre qui chassait sans permis, accompagnant comme garde particulier des amis de son maître qui étaient en chasse, doit être réputé avoir commis le délit dans l'exercice de ses fonctions.

C. C. 9 mars 1838. — P. 40. 1. 254.

25. — Le garde-champêtre qui, au lieu de prêter serment devant le tribunal civil, d'après la loi du 31 août 1830, n'a prêté serment que devant le juge de paix de son canton, n'a pas légalement la qualité d'officier de police judiciaire, et ne peut par conséquent être traduit devant la cour pour les délits qu'il aurait commis dans l'exercice de ses fonctions.

Rennes, 10 nov. 1846. — P. 47. 1. 21.

26. — Les pouvoirs d'un garde particulier ne cessent pas par la mort de celui de qui il les tient, alors surtout que sa commission lui a été donnée par un mari pour la garde des propriétés de sa femme.

En conséquence, il est toujours justiciable de la cour à raison du délit qu'il a commis sur les terres confiées à sa garde.

Orléans, 6 août 1847. — P. 47. 2. 506.

27. — Le membre d'une cour royale, poursuivi à raison d'un délit de chasse, doit être renvoyé non devant le tribunal correctionnel, mais devant la cour, bien qu'il ait été trouvé chassant de concert avec un autre individu soumis à la juridiction ordinaire.

C. C. 13 oct. 1842. — S. 43. 1. 170. — P. 43. 1. 374.

28. — Dans ce cas, le magistrat attire ses co-délinquants devant la juridiction privilégiée de la cour à laquelle il est soumis.

C. C. 13 janvier 1843. — S. 43. 1. 357. — P. 45. 2. 717.

N. B. Bien que cet arrêt ne soit pas rendu en matière de chasse, la doctrine qu'il consacre est générale et embrasse tous les délits.

V. en ce sens :

Legraverend , *Législat. crim.*, t. 2, p. 498 et 499.

Carnot, *Instr. crim.*, t. 3, p. 363.

Duverger, *Manuel du Juge d'instr.*, t. 1er, p. 233.

29. — Jugé également que lorsqu'au nombre des prévenus d'un délit de chasse se trouve un officier de police judiciaire (un garde particulier ou autre) justiciable, à ce titre, de la cour d'appel, c'est devant cette cour que, à raison de la connexité, doivent être renvoyés tous les prévenus.

Bourges, 29 nov. 1842. — S. 43. 2. 489. — P. 45. 2. 716. Dijon, 28 nov. 1845. — P. 45. 2. 413.

Journal des arrêts de Dijon, an. 1845, p. 192.

Pérève, p. 95.

30. — Décidé, au contraire, que lorsqu'un simple particulier a commis le délit de chasse sans permis, en compagnie de deux gardes, il n'y a aucune connexité entre ces délits, chacun d'eux est personnel à celui qui l'a commis; et, tandis que les gardes sont traduits devant la cour, le simple particulier n'est justiciable que des tribunaux ordinaires.

Paris, 24 oct. 1844.— P. 45. 2. 718.

V. aussi *infrà*, art. 27, n° 8.

31. — Lorsqu'il y a lieu d'appliquer les art. 479 et ss. du Code

d'instr. crim., la voie de la citation directe ne peut être employée par la partie lésée. — Le procureur-général seul les fait traduire devant la cour jugeant civilement.

Gillon, p. 338.

32. — Lorsqu'un officier de police judiciaire se trouve traduit en police correctionnelle, à raison d'un délit par lui commis dans l'exercice de ses fonctions, il peut même, en appel, proposer l'incompétence du tribunal et demander son renvoi devant la cour.

C. C. 7 février 1834. — S. 35. 1. 71. — D. 34. 1. 92. — P.

33. — Le maire qui, en vertu d'un arrêté préfectoral, a ordonné une battue ou chasse aux loups, est réputé avoir agi comme fonctionnaire public, alors même qu'il n'a pas observé les formalités auxquelles sont assujéties ces battues; en sorte qu'il ne peut être poursuivi sans autorisation du Conseil d'Etat pour délit de chasse résultant de l'inaccomplissement de ces formalités.

C. C. 1er février 1850. — S. 50. 1. 762. — D. 50. 1. 304.

34. — Cette autorisation serait également nécessaire, afin de poursuivre (en dommages et in-

térêts) un maire qui aurait indû-
ment retenu un permis de chasse
que le préfet lui aurait envoyé
pour remettre à un de ses admi-
nistrés.

Arrêt de la Chambre des re-
quêtes du 30 juillet 1850,
cité par Gillon, 2e suppl.,
p. 10.

V. aussi *supr.* art. 5, n° 3.

34. — Le délit de chasse n'est
pas du nombre de ceux pour la
poursuite desquels on doive se
munir préalablement d'une autorisation du gouvernement, lorsque ce délit a été commis par un
garde, dans un bois confié à sa
surveillance.

Nancy, 12 avril 1845. — P. 47.
1. 91.

35. — Mais les gardes-forestiers (autres que ceux des particuliers) ne peuvent être traduits
en justice pour délit de chasse
commis dans l'exercice de leurs
fonctions, sans autorisation de
l'administration générale des forêts.

(Constit. du 22 frim. an 8, art.
75, et arrêté du 28 pluv. an
11.)

C. C. 3 nov. 1808. — P.

Id. 7 déc. 1809. — S. 10. 1.
262. — P.

Id. 1er février 1811. — P.

Id. 11 sept. 1812. — P.

Id. 4 oct. 1823. — S. 24. 1.
149. — D. 23. 1. 481. — P.

Id. 8 février 1838. — P. 38. 2.
493.

Petit, t. 1er, p. 412 et ss.

Pérève, p. 87, n° 5, et 88, n° 10.

N. B. L'autorisation est accordée aujourd'hui par le directeur
général de l'administration des
forêts. (Ord. du 1er août 1827,
art. 39.)

V. l'arrêt précité du 8 février
1838.

36. — Les tribunaux militaires
ne peuvent connaître des délits
de chasse imputés à des militaires.

C. C. 8 fruct. an 11. — S. 17.
1. 88. — D. 1. 518.

Avis du Cons. d'Etat des 30
frim. an 14 et 4 janvier
1806. — S. 6. 2. 252.

Gillon, p. 323.

37. — Toutefois, le militaire
prévenu en même temps du délit
de port d'armes prohibées, n'est
pas à cet égard justiciable des
tribunaux ordinaires, auxquels
la connexité de ce délit avec celui de chasse ne saurait attribuer
compétence.

Trib. de Strasbourg, 12 sept.
1845. — V. le *Droit* du 29
septembre 1845, et Gillon,

1er suppl., p. 29, n° 420.

38. — Les tribunaux de simple police ne sauraient connaître des délits de chasse.

C. C. 8 fruct. an 11. — D. 1. 518.

Id. 15 mars 1810. — D. ibid.

39. — Mais si les chasseurs ont commis une contravention, si, par exemple, ils ont cueilli des pêches et des raisins dans une vigne, il doit leur être fait application par ces tribunaux de l'art. 471, n° 9, C. pén., encore bien que le propriétaire n'ait pas voulu donner suite au procès-verbal dressé contre les délinquants.

C. C. 29 déc. 1837.—P. 38. 2. 9.

40. — Les tribunaux correctionnels ne peuvent renvoyer à fins civiles, sur une exception préjudicielle, qu'autant qu'elle porte sur le fonds d'une propriété ou d'un droit immobilier, mais non lorsqu'elle consiste dans l'allégation d'un droit mobilier, tel que les simples tolérances ou permission d'usage.

Et spécialement, l'allégation par le prévenu de délit de chasse, d'une permission du propriétaire, constitue une exception de la compétence des tribunaux correctionnels et non des tribunaux civils.

Lorsqu'une exception préjudicielle de la compétence civile est présentée devant les tribunaux correctionnels, le renvoi à fins civiles doit être prononcé, bien que des conclusions formelles n'aient point été prises à cet égard.

C. C. 22 janvier 1836. — S. 36. 1. 528. — D. 36. 1. 119. — P.

41. — Le prévenu d'un délit de chasse peut être cité au domicile faussement indiqué par lui et consigné dans le procès-verbal, et la copie de citation est valablement remise au maire de la commune où il s'est dit domicilié, lorsqu'on ne l'y trouve pas.

C. C. 21 sept. 1833. — D. 34. 1. 50. — P.

42. — La citation pour délit de chasse n'est pas nulle, par cela seul qu'on n'y a pas relaté le jour du délit alors que ce jour est indiqué dans le procès-verbal, bien que ce procès-verbal n'ait pas été notifié au prévenu.

Colmar, 8 janvier 1846. — D. 46. 4. 276.

43. — La différence qui existe entre la date donnée à un délit de chasse par la citation en justice, et celle que lui assigne le garde-champêtre, ne saurait vi-

cier de nullité la citation, attendu que la loi (art. 183 C. instruct. crim.) exige seulement que la citation énonce les faits.

C. C. 11 mars 1837. — D. 37. 1. 494. — P. 40. 2. 18. *Id.* 18 mars 1837. — D. 37. 1. 498. — P. 38. 1. 97.

44.—Décidé, au contraire, que l'erreur sur la date du délit de chasse imputé à un prévenu emporte nullité de la citation qui contient cette erreur, et de la poursuite qui s'en est suivie, sauf au ministère public à exercer des poursuites nouvelles, si la prescription n'est acquise.

Bordeaux, 25 février 1847. — P. 48. 2. 509.

45. — Lorsque, sur la citation donnée par la partie civile pour fait de chasse sur son terrain, on découvre à l'audience que le fait de chasse a eu lieu en temps prohibé et sans permis, le ministère public a le droit de requérir la condamnation pour ces deux nouveaux chefs, et le tribunal ne peut se dispenser de faire droit à ses réquisitions.

Rouen, 15 juillet 1837. — D. 38. 2. 132. — P. 40. 2. 24.

46. — En pareil cas, le tribunal ne peut se dispenser d'infliger au délinquant les peines édic-

tées pour ces sortes de délits, et cela encore que le ministère public se soit abstenu ou ait négligé d'en requérir l'application.

C. C. 23 février 1839.— D. 39. 1. 393. — P. 39. 2. 348.

47. — Le tribunal saisi d'un délit de chasse par la partie civile, doit prononcer une condamnation pénale, bien qu'elle ne soit pas requise par le ministère public ou contrairement à ses réquisitions.

C. C. 27 juin 1811. — S. 11. 1. 327. — D. 11. 1. 355. — P. *Id.* 23 février 1839. — D. 39. 1. 393. — P. 39. 2. 348.

Pérève, p. 99.

48. — Lorsqu'il y a appel par la partie civile seule d'un jugement qui renvoie le prévenu des poursuites dirigées contre lui, il n'y a pas lieu, devant la cour d'appel, à faire application des dispositions de la loi pénale, mais seulement à adjuger des dommages et intérêts à l'appelant qui triomphe sur son appel.

Rouen, 12 janvier 1843. — P. 43. 1. 650.

49. — Le chasseur poursuivi pour chasse sans permis, doit justifier de son permis à l'audience, s'il veut se disculper. Il ne serait pas recevable à prétendre que

8

l'exhibition ne lui en ayant pas été demandée au moment du fait de chasse, bien qu'il en fût alors nanti, il n'a pas dû le conserver depuis, et que c'est à l'autorité à s'imputer de ne l'avoir pas sommé de produire le permis.

C. C. 26 mars 1825. — S. 26. 1. 83. — D. 25. 1. 369. — P.

50. — Le prévenu d'un fait de chasse sans permis de port d'armes (actuellement sans permis de chasse) doit être condamné aux peines portées par la loi, s'il ne justifie pas qu'au moment où il chassait, il était muni d'un permis de chasse.

La preuve du fait contraire ne peut être imposée au ministère public.

V. les deux arrêts cités *supr.* art. 11, § 1er, n° 24.

51. — En cas de délit de chasse sans permis, la justification du permis, faite dans le cours de la procédure, anéantit la poursuite, et le prévenu acquitté ne doit supporter aucun frais.

C. d'appel de Gand, 16 mars 1836. — P.

C. C. belge, 20 mai 1836.— P.

Bordeaux, 17 janvier 1839. — D. 39. 2. 72. — P. 45. 2. 671.

C. C. 6 mars 1846. — S. 46. 1. 509. — D. 46. 1. 168.

Montpellier, 12 oct. 1846. — S. 47. 2. 546.—D. 47. 4. 73. — P. 47 2. 679.

C. C. 24 sept. 1847. — S. 48. 1. 408. — P. 48. 1. 447.

Rouen, 1er février 1850. — D. 50. 2. 119. — P. 50. 2. 254.

V. en ce sens : Gillon, p. 225, n° 265.

Championnière, p. 88.

52. — Décidé, au contraire, que le prévenu acquitté doit supporter les dépens.

Metz, 28 octobre 1820. — P.

Grenoble, 11 nov. 1841. — D. 42. 2. 139. — P. 42. 1. 274, et 45. 2. 261.

Caen, 8 mai 1845. — D. 45. 4. 73.

V. *infr.* § 2, n° 32.

53.—Une administration (celle des forêts), poursuivant la répression de délits, ne peut être condamnée, quand elle succombe, qu'aux frais ayant pour objet la recherche, la poursuite et la punition de ces délits; par suite, doit être cassé l'arrêt qui condamne cette administration à des frais et honoraires dus aux avoués constitués par les délinquants.

C. C. 7 avril 1837. — S. 38. 1.

Art. 26, § 2. — Néanmoins, dans le cas de chasse sur le terrain d'autrui sans le consentement du propriétaire, la poursuite d'office ne pourra être exercée par le ministère public, sans une plainte de la partie intéressée, qu'autant que le délit aura été commis dans un terrain clos, suivant les termes de l'art. 2, et attenant à une habitation ou sur des terres non encore dépouillées de leurs fruits.

904. — D. 37. 1. 487. — P. 38. 1. 95.

54.—Lorsqu'un prévenu a été cité, pour fait de chasse sur le terrain d'autrui, par le propriétaire du terrain, et que le ministère public poursuit le même délinquant pour défaut de permis de port d'armes, la partie civile ne saurait être responsable des frais faits sur cette dernière poursuite, anéantie par la prescription.

Nancy, 15 janvier 1840. — D. 40. 2. 133. — P. 45. 2. 715.

(Art. 26, § 2.) 1. — Sont réputés parties intéressées tous ceux qui ont intérêt à la conservation soit du gibier, soit des récoltes, notamment l'usufruitier, l'emphytéote, le fermier.

Gillon, p. 335.

2. — ... Et celui qui est propriétaire des fruits.

C. C. 17 mai 1834. — P.

3. — Jugé, avant la loi du 3 mai 1844, que le fermier a qualité pour porter plainte à raison des délits de chasse commis sur son terrain affermé, alors même que le droit de chasse ne lui est pas accordé par son bail.

C. C. belge, 6 nov. 1822. — D. 1. 517.

Angers, 20 janvier 1836. — S. 38. 2. 269.—D.38.2.143.—P.

C. C. 9 avr. 1836. — S. 36. 1. 844. — D. 36. 1. 334. — P.

V. en ce sens : Gillon, p. 336.

Berriat, p. 230 et 231.

Pérève, p. 187 et ss.

Troplong, *du Louage*, t. 1er, n° 162.

Toullier, t. 4, n° 21.

Duranton, t. 4, n° 286.

4. — D'après certains auteurs, le fermier n'aurait qu'une action civile vis-à-vis du propriétaire ; ce n'est qu'à l'encontre des tiers qu'il a le droit d'intenter et de provoquer par une plainte une action correctionnelle.

V. Troplong et Berriat, *loc. cit.*

Gillon, p. 339.

Et le journ. du *Droit crim.*, an. 1836, p. 63, note 2.

5. — Un autre système n'accorde le droit de poursuite ou de plainte au fermier, que pour le cas de chasse en temps prohibé, et le lui refuse pour le cas de chasse en temps permis.

Pérève, *loc. cit.*

6. — Ces décisions et opinions, basées sur une interprétation vicieuse des art. 1er et 8 de la loi du 30 avr. 1790, avaient été contredites sous l'empire même de cette loi.

V. Angers, 14 août 1826. — S. 27. 2. 4. — D. 27. 2. 6. — P.

Paris, 8 janvier 1836. — P.

Petit, t. 1er, p. 372 et 376.

7. — Elles ne seraient plus applicables actuellement.

Ainsi, on juge que le fermier, n'ayant pas le droit de chasse, ne peut se plaindre de l'usurpation de ce droit faite par des tiers sur des terrains où la chasse ne peut causer aucun dommage, alors que le propriétaire ne se plaint pas.

Grenoble, 19 mars 1846. — S. 46. 2. 468. — D. 46. 2. 184. — P. 46. 2. 504.

Championnière, p. 18.

8. — Le fermier ne pourrait pas, à plus forte raison, porter plainte contre un chasseur muni d'une autorisation du propriétaire.

C. C. 4 juillet 1845. — S. 45. 1. 774. — D. 45. 1. 351. — P. 45. 2. 297.

9. — Mais ce chasseur commet une contravention et est punissable nonobstant l'autorisation dont il est pourvu, s'il passe sur les terrains du fermier, préparés ou ensemencés. (Art. 471, n° 13, C. pén.)

Même arrêt du 4 juillet 1845.

10. — Le fermier peut dans tous les cas obtenir des dommages et intérêts, soit par la voix civile, soit par la voix criminelle.

Arrêts précités des 4 juillet 1845 et 19 mars 1846.

11. — Le propriétaire lui-même peut toujours, nonobstant l'autorisation par lui accordée, demander des dommages et inté-

rêts au chasseur qui a causé, en chassant, du dommage à ses propriétés.

Quand les faits qui ont occasionné ce dommage ne constituent pas un délit, c'est à la juridiction civile, et non devant le tribunal correctionnel, qu'il doit présenter sa demande.

C. C. 13 juillet 1810. — S. 10. 1. 297. — D. 10. 1. 426. — P.

Pérève, p. 205, n° 6.

12. — Le fait de passage d'un chasseur sur des propriétés préparées en culture, peut être poursuivi par le ministère public près le tribunal de simple police, et ce tribunal ne pourrait renvoyer le contrevenant sous prétexte que ce fait de passage, ayant eu lieu pendant le temps de l'ouverture de la chasse, est licite, alors que ce chasseur ne représente pas les autorisations des propriétaires sur les terres desquels il a passé.

C. C. 31 mars 1831. — D. 33. 1. 37. — P.

13. — On peut également traduire en simple police des chasseurs qui ont cueilli des pêches et des raisins dans une vigne.

V. *supr.* même art., § 1er, n° 39.

14. — Le droit de porter plainte appartient à ceux qui ont droit de poursuivre, c'est-à-dire au propriétaire ou à ceux qui jouissent à sa place du droit de chasse.

V. *supr.* même art., § 1er, n° 1er.

15. — Un fondé de procuration du propriétaire ne peut porter plainte lorsque sa procuration ne lui confère aucun pouvoir spécial, soit pour porter plainte à la charge des prévenus, soit pour faire poursuivre les délits de chasse en général.

Bruxelles, 16 janvier 1836. — P.

16. — Celui à qui un propriétaire a simplement accordé la permission de chasser sur son terrain, ne peut se prétendre investi du droit de chasse, et n'a pas qualité pour porter plainte, ni pour se constituer partie civile contre un individu trouvé chassant sur le même terrain.

Cour supérieure de Bruxelles, du 27 mars 1830. — P.

17. — Il en serait autrement d'un cessionnaire et surtout d'un cessionnaire à titre onéreux.

Cour d'appel de Bruxelles, 13 février 1836. — P.

18. — La remise faite par un particulier au procureur du roi du procès-verbal qui constate un

délit de chasse commis sur ses terres, équivaut à une plainte et justifie l'action du ministère public.

Besançon, 9 janvier 1844. — D. 45. 4. 77.

19. — Le propriétaire n'a pas besoin de se constituer partie civile pour mettre en mouvement l'action publique.

Liège, Cour supér., 3 avril 1823. — D. 1. 546.

C. C. belge, 24 juillet 1823. — D. 1. 517.

C. C. 31 juillet 1830. — S. 30. 1. 371. — D. 30. 1. 326. — P.

Gillon, p. 329 et 330.

Petit, t. 1er, p. 384 et ss.

20. — Le ministère public est libre de ne pas poursuivre toutes les fois qu'il trouve que l'ordre public n'est pas intéressé.

C. C. 8 déc. 1826. — D. 27. 1. 356. — P.

Camusat-Busserolles, p. 172.

21. — Le ministère public, une fois saisi de la plainte, ne peut être arrêté dans son action par le désistement du plaignant ou par son inaction.

C. C. 23 janvier 1813. — S. 13. 1. 229. — D. 1. 79, et 2. 374. — P.

Metz, 6 août 1824. — P.

Id. 27 nov. 1824. — P.

Id. 13 déc. 1824. — P.

C. C. 31 juillet 1830. — S. 30. 1. 371. — D. 30. 1. 326. — P.

Rennes, 11 nov. 1840. — D. 41. 2. 182. — P. 45. 2. 719.

Gillon, p. 330.

Camusat-Busserolles, p. 173.

Pérève, p. 82, n° 8.

Mangin, t. 1er, p. 272, n° 131.

22. — Il peut aussi interjeter appel d'un jugement rendu sur la plainte du propriétaire, bien que celui-ci n'appelle pas lui-même.

V. l'arrêt précité du 31 juillet 1830.

Et Gillon, loc. cit.

23. — Mais il ne peut jamais demander d'indemnité pour la partie lésée par le fait de chasse.

V. supr. art. 16, n° 23 et 24.

24. — Les communes sont sur la même ligne que les simples particuliers, pour toutes leurs propriétés non soumises au régime forestier.

En conséquence, le fait de chasse sur un terrain communal non boisé, en temps non prohibé, n'est pas un délit qui puisse être poursuivi par le ministère public sans une plainte de la commune ou des communes propriétaires.

C. C. 10 juillet 1807. — S. 8.
1. 449. — D. 8. 2. 156. — P.

Id. 22 juin 1815. — P.

Pérève, p. 255, n° 8.

Dalloz, *Rép.*, v° *Chasse,* n° 418.

25. — Il en serait de même de l'Etat et des établissements publics.

Mais les délits de chasse commis dans les bois de l'Etat, des communes, des hospices ou autres établissements publics, peuvent être poursuivis sans plainte préalable. (Arrêtés du 28 vend. an 5, et du 19 vent. an 10, art. 182 C. instr. crim., 190 et 159 C. forest.)

C. C. 21 prairial an 11. — D. 1. 516.

Id. 28 janvier 1808. — D. *ibid.*

Id. 6 mars 1840. — S. 40. 1. 790. — D. 40. 1. 404. — P. 40. 2. 570.

Id. 9 janvier 1846. — S. 46. 1. 260. — D. 46. 1. 74. — P. 46. 2. 34.

Gillon, p. 331 et 332.

Pérève, p. 254, n° 7.

25. — Les prés-bois doivent être assimilés aux bois, et il n'est pas non plus nécessaire d'une plainte préalable en pareille circonstance.

Pérève, p. 256, n° 10.

26. — L'autorisation du pro-priétaire arrêterait l'action in-tentée sur la plainte du fermier.

V. l'arrêt du 4 juillet 1845, cité *suprà,* n° 8.

27. — Mais l'autorisation du fermier n'arrêterait pas l'action intentée sur la plainte du pro-priétaire.

C. C. 12 juin 1828. — S. 28. 1. 351. — D. 28. 1. 282. — P.

V. Cependant en sens con-traire :

Bruxelles, arrêt de la cour su-pér., 27 mars 1830. — P.

28. — Avant la loi du 3 mai 1844, le consentement du pro-priétaire ne pouvait justifier le fait de chasse dans un champ couvert de récoltes, ni arrêter l'action du ministère public.

Grenoble, 19 nov. 1841. — D. 42. 2. 66.—P. 42. 1. 277, et 45. 2. 259.

V. *suprà,* art. 11, § 3, n° 1er.

29. — On peut, sous l'empire de cette loi, arrêter l'action du ministère public quand il y a dé-lit de chasse sur un terrain non dépouillé de ses récoltes, en pro-duisant un consentement du pro-priétaire du terrain.

Rouen, 25 oct. 1844. — S. 45. 2. 359. — P. 45. 2. 715.

Colmar, 13 nov. 1844. — P. 45. 2. 259.

Poitiers, 16 nov. 1844. — S. 45. 2. 235. — D. 45. 2. 24. — P. 45. 1. 360.

Douai, 25 nov. 1844. — S. 45. 2. 108. — D. 45. 4. 81. — P. 45. 2. 260.

Paris, 7 déc. 1844. — S. 45. 2. 235 à la note. — D. 45. 4. 81. — P. 45. 2. 260.

Orléans, 10 mars 1846. — D. 46. 2. 71. — P. 48. 2. 460.

30. — Mais il faut représenter le consentement de tous les propriétaires du terrain ou des terrains sur lesquels on a chassé.

V. l'arrêt précité de Paris, du 7 déc. 1844.

V. aussi *suprà,* art. 1er, § 2, n° 40.

31. — Et il faut que ce consentement ait précédé le fait de chasse. L'approbation subséquente ne pourrait ôter au fait accompli le caractère de délit qui lui aurait été imprimé lors de sa perpétration, ni arrêter l'action du ministère public.

Amiens, 12 nov. 1844. — V. le *Droit* du 8 février 1845.

Trib. de Saint-Mihiel, 6 déc. 1844, *ibid.*

V. aussi Gillon, 1er supplém., p. 34. '

32. — En cas de chasse sans autorisation sur un terrain char-gé de récoltes, la justification du consentement du propriétaire, faite dans le cours de la procédure, anéantit la poursuite ; seulement, le prévenu doit supporter les frais faits jusqu'alors.

V. Colmar, 13 nov. 1844, et Orléans, 10 mars 1846, cités *supr.* n° 29.

Berriat, p. 128.

33. — Jugé, au contraire, que cette justification anéantit la poursuite et que le prévenu acquitté ne doit supporter aucun frais.

C. C. 6 mars 1846. — S. 46. 1. 509. — D. 46. 1. 168. — P. 46. 2. 155.

Gillon, p. 225, n° 265.

V. *supr.* même art., § 1er, n° 51.

34. — L'exception tirée par un prévenu de délit de chasse sur le terrain d'autrui, de l'autorisation délivrée par le propriétaire de ce terrain, doit être appréciée par le tribunal correctionnel, et n'est pas du nombre de celles qu'on doive renvoyer aux juges civils.

V. *suprà,* même art., § 1er, n° 40.

35. — L'adjudicataire d'un droit de chasse dans les bois soumis au régime forestier, peut être poursuivi d'office par le

ART. 27. — Ceux qui auront commis conjointement les délits de chasse seront condamnés solidairement aux amendes, dommages-intérêts et frais.

---

ministère public pour contravention aux clasues de son cahier de charges.

Ce cas ne rentre pas implicitement dans le fait de chasse sur le terrain d'autrui sans autorisation du propriétaire.

Gillon, p. 333, n° 434.

Dalloz, *Répert.*, v° *Chasse*, n° 419.

V. en sens contraire :

Duvergier, *Lois ann.*, an. 1844, p. 166, note 1re.

N. B. Pour les cas où le ministère public peut poursuivre d'office pour chasse dans un terrain clos attenant à une habitation.

V. *suprd*, art. 2.

Et pour ceux où il a le même droit à raison des récoltes qui couvrent les propriétés non closes.

V. *suprd*, art. 11, § 3, n°s 8 et ss.

(ART. 27.) 1. — La jurisprudence avait déjà consacré le principe posé par notre art.

C. C. 18 mars 1837. — S. 37. 1. 825. — D. 37. 1. 832. — P. 37. 2. 344.

2. — Le but de cette disposition est de porter les chasseurs à chasser isolément, « parce » qu'un braconnier est moins » dangereux qu'une réunion de » délinquants dont le nombre » accroît l'audace. »

Exposé des motifs à la Chambre des pairs, séance du 17 avril 1843.

3. — Les principes sur la complicité en général sont applicables aux délits de chasse. Ce délit n'est pas un fait tellement personnel qu'il exclue la complicité. (C. pén., art. 59, 60 et 62.)

C. C. 6 déc. 1839. — S. 40. 1. 77. — D. 40. 1. 388. — P. 40. 1. 545.

Paris, 1er juillet 1840.—P. 40. 2. 60.

V. en ce sens :

Gillon, p. 215 et 340.

Camusat-Busserolles, p. 177.

Pérève, p. 347.

4. — Ainsi, celui qui achète du gibier, sachant qu'il a été tué en délit, peut être poursuivi comme complice par recel.

Même arrêt du 6 déc. 1839.

5. — Au contraire, ces principes ne seraient pas applicables.

Petit, t. 3, p. 261 et ss.

Et l'arrêt de Dijon cité *supr.* art. 12, § 1er, n° 3, et *infr.* n° 14.

6. — Un autre système consisterait à faire une distinction. Les art. 59, 60 et 62 ne seraient pas applicables lorsqu'il y a complicité par recelé; ils le seraient, au contraire, s'il y avait complicité par assistance, provocation, etc.

Berriat, p. 237 et ss.

7. — Pour appliquer notre article, il faut qu'il y ait deux délinquants; ainsi ne seraient pas condamnés solidairement avec celui qui a chassé sur le terrain d'autrui sans autorisation du propriétaire, ceux qui, munis de cette permission, ont chassé conjointement avec le délinquant.

Camusat-Busserolles, p. 175.

8. — Le délit de chasse sans permis ne saurait entraîner de condamnation solidaire contre plusieurs chasseurs.

Paris, 24 oct. 1844. — P. 45. 2. 718.

Championnière, p. 167.

Gillon, p. 340.

Berriat, p. 236.

Camusat-Busserolles, p. 176.

Lavallée, p. 27.

V. en sens contraire :

Orléans, 13 décembre 1849. — P. 49. 2. 404.

N. B. Ce dernier arrêt est conforme à l'esprit de la loi. V. la note de l'arrêtiste.

9. — Il en serait de même de deux individus qui chasseraient ensemble et dont l'un n'aurait pas de permis, tandis que l'autre se trouverait seul sur le terrain d'autrui; il n'y a pas communauté de délits.

Gillon, p. 340.

10. — La solidarité existera, lors même qu'il y aurait entre les co-auteurs du délit des degrés différents de culpabilité et que les peines prononcées ne seraient pas les mêmes pour tous.

C. C. 8 octobre 1813. P.

Id. 3 novembre 1827. — S. 28. 1. 104. — D. 28. 1. 8. — P.

Berriat, p. 236.

Gillon, p. 341 et 342.

11. — Il y aurait exception si l'un des délinquants était en récidive, s'il avait usé de violences ou fait des menaces auxquelles l'autre n'aurait pas participé.

ART. 28. — Le père, la mère, le tuteur, les maîtres et commettants sont civilement responsables des délits de chasse commis par leurs enfants mineurs non mariés, pupilles, demeurant avec eux, domestiques ou préposés, sauf tout recours de droit.

Cette responsabilité sera réglée conformément à l'art. 1384 du Code civil, et ne s'appliquera qu'aux dommages-intérêts et frais, sans pouvoir toutefois donner lieu à la contrainte par corps.

Gillon, p. 342.

12. — Dans tous les cas, il doit y avoir autant de condamnations et d'amendes que de délinquants, car il y a autant de délits distincts que de chasseurs.

C. C. 17 juillet 1823. — P. Gillon, p. 341.

13. — Un traqueur est complice du fait de chasse auquel il coopère, et se rend personnellement passible des peines prononcées par la loi du 3 mai 1844.

Rouen, 10 décembre 1846. — D. 47. 4. 72. — P. 49. 1. 127. Id. 26 avril 1849. — P. 49. 2. 445.

V. en sens contraire les arrêts cités supr. art. 5, nos 15 et 16.

14. — Le propriétaire qui permet à une personne de chasser dans ses bois et qui lui prête ses équipages de chasse, ne peut être responsable de la chasse qu'il a permise, lorsqu'il n'y a personnellement pris aucune part, encore qu'il ait assisté à la capture du gibier comme simple spectateur.

Dijon, 28 nov. 1845. D. 46. 2. 5. — P. 48. 2. 413.

Journ. des Arrêts de Dijon, an. 1845, p. 192.

(ART. 28.) 1. — Les maris ne sont pas responsables du fait de leurs femmes coupables de délits de chasse.

Discussion de la loi à la Chambre des députés, séance du 19 fév. 1844. — Réponse de M. Pascalis à M. Delespaul. *Monit.* du 20 févr., p. 375.

Championnière, p. 168.

Gillon, p. 345.

Pérève, p. 392.

2. — La responsabilité a lieu pour les enfants naturels comme pour les enfants légitimes.

Duranton, t. 13, n° 715.

Berriat, p. 241.

Petit, t. 2, p. 150.

Dalloz, *Répertoire,* v° *Chasse,* n° 458, 4ᵉ alinéa.

3. — ...... Pour les enfants émancipés comme pour ceux qui ne le sont pas, à moins qu'il ne s'agisse de l'émancipation par mariage.

Marcadé, t. 5, *Comm.* de l'art. 1384, n° 2.

Duranton, t. 13, n° 715.

Zachariæ, t. 3, p. 197.

4. — Au contraire, d'après un autre système, l'émancipation confère au mineur une sorte d'indépendance qui, dans tous les cas, fait cesser la responsabilité.

Toullier, t. 11, n° 277.

Berriat, p. 241.

Gillon, p. 345.

Petit, t. 2, p. 154 et ss.

Dalloz, *ibid.* n° 458, 3ᵉ alinéa.

5. — Le curateur et le conseil judiciaire ne peuvent être assimilés au tuteur et grevés de la responsabilité des personnes qu'ils sont chargés d'assister.

Gillon, p. 345.

6. — Le père et la mère (et le tuteur par analogie) seront admis à établir qu'ils n'ont pu empêcher le fait pour lequel on veut les faire déclarer responsables ; les maîtres et commettants n'auront pas le même privilège.

Toullier, t. 11, n°ˢ 282 et 283.

Marcadé, t. 5, *Comment.* de l'art. 1384, n°ˢ 2 et 3.

Berriat, p. 242.

7. — On peut conclure à des dommages et intérêts contre le mineur prévenu d'un délit de chasse, sans avoir besoin de mettre son tuteur en cause.

Pérève, p. 341, n° 6.

8. — Si le mineur marié devient veuf, la responsabilité des père et mère ne renaît pas, à moins qu'il ne soit privé du bénéfice de l'émancipation et ne rentre en tutelle. (Art. 485 et 486, C. civ.)

Petit, t. 2. p. 154.

V. cependant Berriat, p. 241, qui pense que dans ce cas l'émancipation est révoquée et que la responsabilité renaîtra.

9. — La responsabilité relativement aux domestiques et préposés n'a lieu qu'autant que le délit est commis par eux dans les fonctions auxquelles ils sont employés par leurs maîtres ou commettants.

Championnière, p. 169.

Gillon, p. 347.

Toullier, t. 11, n° 282.

10. — Le maître est responsable du dommage causé par son chien qui a chassé seul et à son insu.

V. *supr.* art. 11, § 5, n° 7.

11. — La confiscation du fusil ou la condamnation au paiement de sa valeur rentre dans la classe des condamnations civiles, dont le père du mineur doit être déclaré responsable.

Grenoble, 10 décembre 1848. — S. 49. 1. 665. — D. 50. 2. 96, à la note.—P. 50. 1. 694.

Id. 8 mars 1849. — S. 50. 2. 229.—D. 50. 2. 95.— P. 50. 1. 694.

V. en ce sens Pérève, p. 371.

12. — Jugé en sens contraire.

Grenoble, 6 [1] février 1850. — S. 50. 2. 229. —D. 50. 2. 95. — P. 50. 1. 694.

C. C. 6 juin 1850. — S. 50. 1. 815. — D. 50. 5. 59.

V. en ce sens Gillon, 2e suppl., p. 31.

13. — La question de discernement pourra être examinée si le mineur, accusé du fait de chasse, est âgé de moins de 16 ans. (Art. 66 et 69 C. pén.)

Orléans, 21 janvier 1842. — P. 42. 1. 228.

C. C. 3 janvier 1845 [1].—D. 45. 1. 79. — P. 45. 1. 704.

Id. 18 juin 1846. — D. 46. 1. 234. — P. 46. 2. 323.

Trib. correct. de Lyon, 17 mars 1847. — D. 47. 3. 69.

C. C. 3 février 1849. — S. 49. 1. 665. — D. 50. 5. 58. — P. 50. 1. 360.

V. aussi par analogie :

C. C. 20 mars 1841. — D. 41. 1. 358. — P. 42. 1. 227.

Id. 18 mars 1842. — P. 42. 1. 726.

V. en ce sens :

Championnière, p. 169.

Gillon, p. 216 et ss.

Berriat, p. 242 et 243.

Petit, t. 2, p. 129 et ss.

Carnot, *Code pén.,* t. 2, p. 259.

Faustin-Hélie, *Théorie du Code pénal,* t. 2, p. 187.

[1] Dalloz donne à cet arrêt la date du 16 février.

[1] Dalloz indique par erreur 1844

ART. 29. — Toute action relative aux délits prévus par la présente loi sera prescrite par le laps de trois mois, à compter du jour du délit.

14. — Jugé en sens contraire. Grenoble, 12 janvier 1825. — S. 26. 2. 184. — D. 26. 2. 166. — P.

Id. 13 janvier 1825. — P.

C. C. 28 octobre 1833. — S. 34. 2. 135. — D. 34. 2. 106. — P.

C. C. belge, 31 mars 1836.—P.

C. C. 11 août 1836.— S. 37. 1. 364. — D. 37. 1. 129. — P. 37. 1. 524.

Id. 5 juillet 1839. — S. 40. 1. 189. — D. 39. 1. 409. — P. 46. 2. 127.

V. en ce sens, Pérève, p. 240, n° 3.

15. — Ces arrêts, rendus alors que la loi du 30 avril 1790 était en vigueur, ne sauraient faire jurisprudence sous l'empire de la loi du 3 mai 1844.

Berriat, p. 242 et 243.

Gillon, n° 250, p. 218 et ss.

(ART. 29.) 1. — Avant 1844, les délits de chasse se prescrivaient par un mois. (Art. 12, l. du 30 avr. 1790.)

Même ceux commis dans les bois de l'Etat, des communes ou des particuliers.

C. C. 28 août 1818. — D. 1. 520.

Id. 31 mai 1822. — D. 1. 521. — P.

Petit, t. 2, p. 167.

2. — Ils se prescrivaient par trois mois et non par un mois (avant le Code forestier), lorsqu'ils étaient commis dans les bois réservés aux plaisirs du roi. (L. 15-29 septembre 1791, tit. 9, art. 8.)

C. C. 17 juin 1817. — D. 1. 520. — P.

Id. 30 août 1822. — S. 29. 1. 440. — P.

Petit, t. 2, p. 167.

V. en sens contraire :

Pérève, p. 238.

3. — Depuis 1827, les délits commis dans les propriétés de la couronne se prescrivaient par trois mois et six mois. (Art. 185 du Code forestier.)

Mangin, *Action publique*, t. 2, n° 306.

4. — La loi du 3 mai 1844 a étendu le délai à trois mois, sans distinction du lieu où le délit est commis.

Pérève, p. 238.

5. — Ce délai ne saurait, par assimilation de ce qui a lieu en matière forestière, être étendu à six mois, quand les prévenus ne sont pas désignés aux procès-verbaux.

Gillon, p. 349, n° 469.

6. — Toutefois, lorsque le délit de chasse est connexe à d'autres délits plus graves, il n'est soumis qu'à la même prescription que ces derniers.

Bruxelles, 21 novembre 1821. — D. 1. 522. — P.

7. — Le jour où le délit de chasse a été commis n'est pas compris dans le délai fixé pour la prescription de l'action.

C. C. 10 janvier 1845.— S. 45. 1. 126. — D. 45. 1. 87. — P. 45. 2. 121.

Berriat, p. 245 et ss.

Petit, t. 2, p. 168.

Berriat-St-Prix, *Cours de procédure civile*, t. 1er, p. 160.

Pigeau, t. 1er, p. 544.

8.— Décidé en sens contraire.

Amiens, 24 avr. 1844.— Cassé par l'arrêt ci-dessus.

Paris, 7 av. 1837.—S. 38. 1. 904.

Id. 8 février 1843. — S. 43. 2. 134. — P. 43. 1. 375.

Gillon, p. 350.

Mangin, *de l'Act. publ.*, t. 2, n° 309.

Merlin, *Répert.*, Vis délai, § 3, et prescription, sect. 2, § 2, n° 5.

N. B. Quoique rendues sous l'empire de la loi de 1790, ces décisions n'ont pas moins de force sous l'empire de la loi actuelle, qui, étendant le délai de la prescription d'un mois à trois mois, est conçu dans les mêmes termes que la loi du 30 avril 1790.

9. — C'est de quantième à quantième, et non par le laps de trois fois trente jours, que se compte la prescription de trois mois déterminée pour les délits de chasse. La durée de trente jours, donnée par l'art. 40 du Code pénal, à la peine d'un mois d'emprisonnement, est une exception au principe général qui ne peut être étendue à d'autres cas.

Nancy, 28 janvier 1846. — D. 46. 2. 69. — P. 46. 2. 155.

Pérève, p. 126.

Petit, t. 2, p. 168.

10. — Sous l'empire de la loi du 30 avril 1790, lorsque, d'un même fait de chasse, résultait le

délit de chasse en temps prohibé et celui de chasse sans permis de port d'armes, les poursuites du ministère public, à raison de l'un de ces délits, n'empêchaient pas la prescription de courir à l'égard de l'autre.

Ainsi le ministère public, après avoir commencé des poursuites en temps utile, à raison du délit de chasse en temps prohibé, ne pouvait plus requérir, dans le cours de ces poursuites, la punition du délit de chasse sans permis de port d'armes ou *vice versâ*, lorsqu'il s'était écoulé, depuis ce délit, un temps suffisant pour le prescrire.

C. C. 29 avril 1830.— S. 30. 1. 336. — D. 30. 1. 256. — P. Paris, 4 octobre 1838.— P. 38. 2. 481.

11. — On décidait aussi que, lorsque la partie lésée par un fait de chasse assigne le délinquant en temps utile, le ministère public, qui a laissé passer le temps fixé pour la prescription des délits de chasse, ne peut plus, à l'audience, sur l'action dirigée par la partie civile, requérir l'application de l'amende prononcée pour délit de chasse sans permis de port d'armes.

Nancy, 15 janvier 1840 (2 arrêts).— D. 40. 2. 133. — P. 45. 2. 715.

Berriat, p. 249.

N. B. Pour qu'il en fût autrement encore aujourd'hui, il faudrait que le fait à raison duquel le ministère public doit requérir l'application de la peine, fût le même que celui qui motive la citation de la partie civile.

12. — Au cas de délit de chasse commis conjointement par plusieurs personnes, les poursuites dirigées en temps utile contre l'une d'elles ont pour effet d'interrompre la prescription vis-à-vis des autres.

Trib. correct. de Châtellerault, du 19 mai 1843. — D. 43. 2. 157. — P. 45. 1. 155.

Rouen, 28 février 1845. — S. 45. 2. 239. — D. 45. 4. 77. — P. 45. 2. 719.

V. aussi par analogie : C. C. 14 déc. 1837. — S. 38. 1. 933. — D. 38. 1. 127.

V. en ce sens : ·

Gillon, p. 351.

13. — La citation donnée à un témoin pour venir déposer devant le tribunal sur un délit de chasse, est un acte interruptif de la prescription, encore bien que le prévenu n'ait pas été assigné ou ne l'ait été qu'irrégulièrement.

Même arrêt de Rouen du 28 février 1845.

14. — La prescription est interrompue par les actes d'information qui ont précédé la citation.

C. C. 8 décembre 1809. — D. 1. 521. — P.

Berriat, p. 248.

Mangin, *Action publique*, t. 2, n°s 347 et ss.

15. — .... Ou l'ordonnance de renvoi en police correctionnelle.

C. C. 11 novembre 1825. — S. 26. 1. 105.—D. 26. 1. 95.— P.

Paris, 9 mai 1826. — S. 27. 2. 228. — D. 30. 1. 258. — P.

Riom, 3 déc. 1834. — P.

Gillon, p. 351.

Pérève, p. 122.

16. — Ainsi, un réquisitoire afin d'informer, fait par le ministère public au juge d'instruction, serait suffisant pour interrompre la prescription.

V. les arrêts précités et notamment l'arrêt de Riom, du 3 décembre 1834.

Pérève, p. 122.

V. cependant en sens contr. :

Petit, t. 2, p. 469.

17. — Décidé aussi que, pour être interruptif de prescription, il n'est pas nécessaire que l'acte d'instruction ou de poursuite soit contradictoire avec celui que l'instruction signalera comme l'auteur de ce délit.

C. C. 26 juin 1840. — S. 40. 1. 731. — D. 41. 1. 430. — P. 40. 2. 416.

V. en ce sens :

Berriat, p. 248.

18. — Ainsi, la prescription est interrompue, en matière de délits de chasse commis par un conseiller d'une cour d'appel, au moyen de la transmission faite par le procureur du roi au ministre de la justice, et par le ministre au procureur général près la cour de cassation, du procès-verbal qui constate le délit.

Paris, 7 novembre 1842. — P. 43. 1. 375.

19. — Mais cette prescription, qui court du jour de la constatation du délit, n'est pas interrompue par un procès-verbal ultérieur dans lequel le garde constate quel est le délinquant qu'il n'avait pu reconnaître au moment de la perpétration du délit, et cela bien que ce procès-verbal ait été dénoncé au délinquant; un tel procès-verbal ne saurait être assimilé à un acte de poursuite ou d'instruction.

C. C. 7 avr. 1837. — S. 38. 1.

9

904. — D. 37. 1. 487. — P. 38. 1. 95.

Petit, t. 2, p. 174.

20. — Elle ne serait pas davantage interrompue par une simple plainte que la partie lésée ferait au parquet.

Pérève, p. 123, n° 6.

21. — Ni par une citation donnée en temps utile, mais déclarée nulle depuis.

Petit, t. 2, p. 175 et 176.

22. — Ni par des poursuites faites par un magistrat incompétent.

C. C. 11 mars 1819. — S. 19. 1. 317. — D. 19. 1. 311. — P.

Id. 30 avr. 1830. — S. 30. 1 337. — D. 30. 1. 258. — P.

Pérève, p. 124.

23. — ..... Ou devant un juge incompétent.

C. C. 5 juin 1841. — D. 41. 1. 394. — P. 41. 2. 286.

Bourges, 29 nov. 1842. — P. 45. 2. 716.

N. B. L'arrêt du 5 juin, tout en consacrant ce principe que les actes faits devant un juge incompétent sont interruptifs de prescription, leur refuse cependant cet effet dans l'espèce en litige.

24. — Jugé, au contraire, que les actes de poursuite ou d'instruction, même faits devant un juge incompétent, sont interruptifs de prescription.

C. C. 10 mai 1838. — S. 38. 1. 981. — D. 38. 1. 462. — P. 39. 1. 9.

Pérève, p. 128.

Petit, t. 2, p. 176.

25. — Et cela, lors même que ce n'est qu'à l'audience qu'on a découvert le moyen d'incompétence.

Rouen, 12 nov. 1838.— D. 39. 2. 160. — P. 38. 2. 588.

26. — Ainsi les citations régulières en justice interrompent la prescription, quoique données devant un juge incompétent.

L'art. 2246 du Code civil est applicable aux matières correctionnelles et notamment aux poursuites pour délit de chasse.

Orléans, 31 déc. 1835.— S. 36. 2. 150. — P.

C. C. 13 janvier 1837. — S. 37. 1. 796. — D. 37. 1. 184.

Id. 7 sept. 1849. — S. 50. 1. 415. — D. 49. 5. 40. — P. 50. 2. 471.

V. aussi par analogie :

C. C. 18 janvier 1822.— S. 22. 1. 200. — D. 22. 1. 70.— P.

Toulouse, 17 novembre 1835.

—S. 36. 2. 150.— D. 36. 2. 30. — P.

27. — La prescription est interrompue par une citation donnée en temps utile, encore que la preuve de la culpabilité ne soit acquise qu'après les délais requis pour la prescription.

C. C. 16 novembre 1829. — D. 30. 1. 12. — P.

Mangin, *Act. publ.*, t. 2, p. 194, n° 346.

28. — Lorsque les débats établissent que le délit de chasse poursuivi a été commis un jour autre que celui mentionné au procès-verbal, le tribunal ne peut, alors qu'il est certain qu'un seul délit existe, et statuant comme s'il avait pu en être commis deux, renvoyer le prévenu des poursuites, par le motif que l'un des délits serait prescrit et l'autre non justifié.

Grenoble, 11 décembre 1834. — D. 35. 2. 35. — P.

V. en sens contraire :

Bordeaux, 25 février 1847. — D. 47. 4. 67.

29. — La prescription d'un mois (actuellement de trois mois), établie pour les délits de chasse, ne concerne que l'introduction de l'action ; l'action une fois intentée, il importe peu qu'entre deux actes de poursuites il existe un délai de plus d'un mois.

Bruxelles, 20 février 1835. — P.

V. cependant :

C. C. 11 novembre 1825, et Paris, 9 mai 1826, cités *supr.* n° 15.

Ces arrêts semblent admettre cette règle que, pour qu'il n'y ait pas prescription, il faut qu'il ne se soit pas écoulé plus d'un mois entre les actes de poursuite.

30. — Lorsque la prescription spéciale est interrompue, elle ne peut plus s'acquérir que par le laps de temps fixé par le Code d'instruction criminelle.

Ainsi, une fois l'action intentée, la prescription ne s'accomplit que par la discontinuation de poursuites pendant trois ans. (Art. 638, C. instr. crim.)

C. C. 20 septembre 1828. — (3 arrêts.) — S. 29. 1. 76.— — D. 28. 1. 424.

Rouen, 12 novembre 1838. — D. 39. 2. 160. — P. 38. 2. 588.

Gillon, p. 351.

Pérève, p. 127, n° 18, et 129, n° 24.

Petit, t. 2, p. 170 et 171.

Mangin, *Act. publ.*, t. 2, n° 358.

ART. 30. — Les dispositions de la présente loi relatives à l'exercice du droit de chasse ne sont pas applicables aux propriétés de la couronne. Ceux qui commettraient des délits de chasse dans ces propriétés seront poursuivis et punis conformément aux sections 2 et 3.

(ART. 30.) 1. — Les propriétés enclavées dans celles de la couronne étaient régies par la loi du 3 mai 1844. En conséquence, nul autre que le propriétaire n'avait le droit d'y chasser sans son consentement.

Championnière, p. 171.

Berriat, p. 258 et 259.

Gillon, p. 366.

Pérève, p. 236.

2. — Au contraire, sous l'empire de la loi du 30 avril 1790, les propriétaires de terrains enclavés dans les domaines de la liste civile n'avaient pas le droit de chasser sur ces terrains.

C. C. 2 juin 1814. — S. 16. 1. 22. — D. 14. 1. 263. — P.

3. — L'ordonnance de 1669 et certaines parties de celle de 1601 s'appliquaient, avant la loi du 3 mai 1844, aux délits de chasse commis dans les lieux réservés aux plaisirs du roi.

C. C. 30 mai 1822. — S. 22. 1. 280. — D. 22. 1. 306.

Id. 2 juin 1827. — S. 27. 1. 496. — D. 27. 1. 262. — P.

Id. 11 avril 1840. — S. 40. 1. 466. — D. 40. 1. 412. — P. 40. 2. 60.

Paris, 1er juillet 1840. — P. 40. 2. 60.

C. C. 26 déc. 1840. — S. 41. 1. 138. — D. 41. 1. 180. — P. 41. 1. 86.

Douai, 17 sept. 1842. — S. 43. 2. 134.

Berriat, p. 258.

Gillon, p. 354.

Favart de l'Anglade, *Répert.*, v° *Chasse*, n°s 20 et 21.

Longchamp, *Lois et jurisprudence sur la chasse*, n° 436.

4. — Mais elles étaient inapplicables à ceux commis dans les bois appartenant aux princes de la famille royale.

C. C. 8 mai 1824. — S. 29.

1. 439. — D. 1. 519. — P. Gillon, p. 368.

5. — Ces ordonnances sont complètement abrogées par la loi du 3 mai 1844.

Gillon, p. 355.

6. — Elles n'étaient plus applicables depuis la loi du 3 mai, en ce qui concerne la poursuite et les peines à infliger.

Berriat, p. 258.

Circ. du garde des sceaux, du 9 mai 1844.

7. — Mais la loi du 3 mai ne réglementait pas l'exercice du droit de chasse dans ces propriétés.

Ainsi, la chasse y était permise en tout temps avec toutes sortes de procédés, sans permis de chasse, avec la seule autorisation de l'intendant de la liste civile.

Berriat, p. 260.

8. — Il était permis de transporter en temps prohibé du gibier tué sur les propriétés de la couronne, mais il était défendu de le vendre et de le colporter.

Championnière, p. 173.

Gillon, p. 367.

Berriat, p. 39 et 260.

Camusat-Busserolles, p. 190.

9. — L'administration des forêts de la couronne avait qua-lité non-seulement pour poursuivre en première instance, mais encore en appel, les faits de chasse dans ces forêts et de requérir condamnation aux amendes, encore qu'il n'y eût pas appel de la part du ministère public.

C. C. 5 nov. 1829. — S. 29. 1. 30. — D. 27. 1. 376. — P.

Gillon, p. 337.

Pérève, p. 228 et ss.

10. — L'exception créée pour les propriétés de la couronne, ne pouvait s'appliquer au domaine privé du roi.

Gillon, p. 367, n° 490.

11. —... Ni à celui des princes de la famille royale.

Gillon, p. 368.

V. aussi l'arrêt cité, suprà, n° 4.

12. — Les décisions précitées sont sans valeur, et l'art. 30 sans application, depuis que les biens de l'ancienne liste civile ont été réunis au domaine de l'Etat et se trouvent soumis aux mêmes lois et règlements que les autres propriétés de l'Etat.

Décret du 26 février 1848, bull. 27, n° 238.

Arrêté du 27 mars 1848, bull. 19, n° 174.

SECTION IV.

Dispositions générales.

Art. 31. — Le décret du 4 mai 1812 et la loi du 30 avril 1790 sont abrogés.

Sont et demeurent également abrogés les lois, arrêtés, décrets et ordonnances intervenus sur les matières réglées par la présente loi, en tout ce qui est contraire à ses dispositions.

(Art. 31.) — . . . . . .

Addition à l'art. 1er, *supr.* p. 4 : 13 *bis.* — Et le préfet ne pourrait pas, par son arrêté, dispenser du permis.

Bordeaux, 21 mars 1850. — P. 51. 1. 209.

Addition à l'art. 4, *supr. p.* 24 : 1 *bis.* — Le droit de transporter le gibier cesse le jour même où la chasse est close dans chaque département. La contravention à la loi en cette matière ne saurait être excusée ni par la bonne foi du prévenu, ni par une ignorance qui ne serait pas invincible.

Angers, 1er avril 1851. — D. 51. 2. 63.

Addition à l'art. 27 *suprà,* p. 122 :

7 *bis.* — De même, si l'un des chasseurs avait un permis, il ne saurait être considéré comme complice de ceux qui n'en ont pas.

Orléans, 24 mars 1851. — P. 51. 1. 119.

ANALYSE

DES LOIS, RÈGLEMENTS ET ARRÊTS

SUR LA LOUVETERIE.

La destruction des loups et autres animaux nuisibles a paru assez importante pour ne pas être abandonnée complètement au zèle des particuliers, et pour motiver des règlements spéciaux et des dérogations aux lois sur la chasse.

Au xive siècle, nos rois délivraient déjà des commissions « pour prendre loups » (Ord. du 28 mars 1395. — V. Isambert, t. 6, p. 759), et au commencement du xve, alors que l'ordonnance de Charles VI du 13 janvier 1396 était en pleine vigueur, et que la chasse n'était permise qu'aux nobles, gens d'église ou bourgeois vivant de leurs possessions et rentes, ce même monarque permettait *à toutes personnes de quelque état qu'elles fussent, de prendre, tuer et chasser sans fraude, tous loups et loutres grands et petits,* à ces seules conditions de respecter le droit de garenne des seigneurs, et de ne pas employer pour la chasse les procédés dont se servaient d'ordinaire les nobles. (Ord. du 25 mai 1413. — Isambert, t. 7, p. 283.)

Henri III, par un édit du mois de janvier 1583, prescrivit aux agents forestiers de rassembler un homme par feu dans chaque paroisse de leur ressort, avec armes et chiens propres à chasser le loup, trois fois l'année, au temps qu'ils jugeraient le plus commode pour cela.

Les sergents louvetiers durent faire, tous les trois mois, un rapport sur les prises par eux faites dans les chasses auxquelles ils devaient se livrer. (Ord. du mois de mai 1597.)

Les seigneurs hauts-justiciers et seigneurs de fiefs furent aussi tenus de faire assembler, de trois mois en trois mois, et plus souvent, s'il en était besoin, leurs paysans et rentiers, et de chasser avec chiens, arquebuses et autres armes, les loups, renards, blaireaux et autres bêtes nuisibles. (Edit du mois de juin 1601.) Les habitants des villes et villages situés aux environs des lieux où la chasse se faisait devaient se rendre aux lieux, jours et heures indiqués, à peine de dix livres d'amende. (Arrêts du Conseil des 26 février 1797 et 14 janvier 1698.)

Des difficultés s'étant élevées entre les agents forestiers et les officiers de louveterie, un arrêt du Conseil intervint (le 15 janvier 1785), qui conféra à ces derniers le droit exclusif de chasser partout aux loups et autres bêtes nuisibles, et fit défense à toutes personnes autres que les seigneurs hauts-justiciers (dans l'étendue de leurs fiefs seulement) de se livrer à cette chasse. Cet arrêt maintint les gardes, sergents et officiers de louveterie dans les privilèges à eux concédés, tels qu'exemption d'impôts, dispense de tutelle, curatelle, exemption des charges d'église, du logement des gens de guerre, etc...

Ce même arrêt contient des dispositions purement règlementaires qui seraient peut-être encore applicables aujourd'hui. Elles sont relatives à la direction des chasses et battues confiées exclusivement aux officiers de louveterie (art. 4); à l'obligation où sont les particuliers d'obéir dans ces chasses à ces officiers, et de leur prêter, quand ils en sont requis, aide et assistance (art. 16); à la nécessité de se munir d'une autorisation de l'intendant de la province, pour faire des battues et forcer les habitants des campagnes d'y prendre part (art. 5); à l'obligation pour ceux-ci d'y assister, sous des peines laissées à l'arbitraire des intendants chargés de les prononcer (art. 9); à l'avis que les louvetiers doivent donner tant aux agents forestiers qu'aux gardes particuliers des propriétés sur lesquelles les battues auront lieu, à l'effet de provoquer leur surveillance (art. 6 et 7); à la défense de tirer ou faire tirer du gibier en faisant une battue (art. 8); enfin à la faculté accordée aux intendants d'ordonner des battues générales et de commander une quantité d'hommes suffisante à cet effet (art. 12). Si ces prescriptions peuvent encore être suivies, il en est autrement de celles relatives aux droits et privilèges conférés jadis aux louvetiers et qui sont abrogées. Il faut aussi remarquer que les préfets remplacent actuellement les intendants, lorsqu'il s'agit d'ordonner des chasses et battues, mais qu'ils n'ont pas qualité pour prononcer des peines et encore moins des peines arbitraires contre ceux qui refuseraient d'assister aux battues. Ces peines sont déterminées par l'arrêt du Conseil du 26 février 1697 et fixées à 10 francs d'amende par chaque récalcitrant. Elles sont prononcées par les tribunaux de simple police.

Le décret des 4-11 août 1789, abolissant les droits féodaux et notamment ceux de chasse et de garenne ouverte, conféra (art. 3) à tout propriétaire le droit de détruire et de faire détruire, sur ses possessions seulement, toute espèce de gibier. Conçue dans le même esprit, la loi du 30 avril 1790 confirma ce droit pour les propriétés non closes, sauf au propriétaire ou possesseur à n'en user qu'aux époques où la chasse serait déclarée licite et dans les terres non couvertes de récoltes (art. 1er). Il fut seulement permis aux propriétaires, possesseurs ou fermiers de détruire [1] le gibier dans leurs récoltes non closes, en se servant de filets ou autres engins qui ne pussent pas nuire aux fruits de la terre, et de repousser avec des armes à feu les bêtes fauves qui se répandraient dans ces récoltes (art. 8).

La chasse avait été défendue dans les forêts de l'Etat par un arrêté du Directoire, en date du 28 vendémiaire an 5. Un 2e arrêté du 19 pluv. an 5, posa en principe que, nonobstant ce 1er arrêté, les règlements sur la destruction des *loups et autres animaux voraces* devaient être mis à exécution [2]. En conséquence, il prescrit de faire dans ces forêts et dans les campagnes, tous les trois mois et plus souvent s'il est nécessaire, des chasses et battues générales ou particulières aux loups, renards, blaireaux et autres animaux nuisibles (art. 2).

Ces chasses sont ordonnées par les administrations centrales des départements (actuellement les préfets), de concert avec les agents

---

[1] Avant 1789, les non-nobles pouvaient seulement expulser les bêtes sauvages de leurs récoltes, mais sans les tuer.

[2] Les ordonnances visées dans l'arrêté du 19 pluv. an 5, et que le Directoire regarde comme ayant encore force de loi, sont celles de janvier 1583, art. 19, de 1600 et 1601, ainsi que les arrêts du Conseil des 6 février 1697 et 14 janvier 1698.

forestiers, sur la demande de ces derniers et sur celle des administrations municipales de canton (actuellement des maires) (art. 3).
Les agents forestiers en ont la direction et la surveillance et règlent,
de concert avec ces administrations (les maires), les jours où elles se
feront, ainsi que le nombre de personnes qui y seront appelées (art. 4).
Les corps administratifs (les préfets) peuvent permettre aux particuliers qui ont des équipages et autres moyens pour ces chasses, de
s'y livrer sous la surveillance des agents forestiers (art. 5). Un procès-verbal constate, après chaque battue, le nombre et la nature des
animaux détruits. Il en est envoyé un extrait au ministre des finances
(art. 6). On envoie également à ce ministre un état des animaux
détruits dans les chasses particulières (autorisées par le préfet) ou
au moyen des pièges tendus dans les campagnes par les habitants; le
but de cette transmission est d'obtenir le paiement des primes allouées
en pareil cas (art. 7).

Ces dernières dispositions furent modifiées par la loi du 10 messidor an 5. Aux termes de cette loi, celui qui voulait toucher la prime
devait se présenter devant l'agent municipal (le maire) de la commune la plus voisine de son domicile et y faire constater la mort de
l'animal, son âge et son sexe, et s'il s'agissait d'une louve, faire vérifier si elle était pleine ou non (art. 4). La tête de l'animal dut être
envoyée avec le procès-verbal de l'agent municipal (du maire) à l'administration départementale (au préfet) qui délivrait un mandat sur
le receveur du département, sur les fonds qui étaient à cet effet mis
entre ses mains par ordre du ministre de l'intérieur (art. 5).

Les anciennes institutions concernant la louveterie n'existaient
plus. C'étaient les agents forestiers et les particuliers qu'on chargeait
de pourvoir à la destruction des loups et autres animaux nuisibles.
La même loi autorise le Directoire exécutif à laisser subsister et
même à former, s'il y a lieu, des établissements pour la destruction
des loups (art. 6).

L'Empire amena la création de la charge de grand-veneur, dans
les attributions duquel fut placée la louveterie. (Décr. du 8 fruct. an
12, art. 1er et 2.) Ces fonctions et attributions furent maintenues par
la Restauration. (Ord. du 15 août 1814.)

Le grand-veneur fut chargé de donner des commissions annuelles et honorifiques de lieutenant de louveterie, de faire des règlements pour l'exécution des arrêtés concernant la destruction des animaux nuisibles, et de donner à cet effet des ordres aux lieutenants de louveterie. Ces derniers durent entretenir un équipage de chasse et se munir de pièges, détruire les loups au moyen de cet équipage ou, en temps prohibé, au moyen de leurs pièges, ou bien en les attaquant à trait de limier, et rechercher les portées de louves.

Le préfet, sur la demande soit du lieutenant de louveterie, soit du conservateur des forêts, soit même spontanément, peut ordonner des battues qui sont commandées et dirigées par les lieutenants de louveterie. Ces trois fonctionnaires se concertent pour fixer le jour de la chasse et déterminer le lieu où elle se fera ainsi que le nombre d'hommes à y employer.

Les lieutenants de louveterie donnaient au grand-veneur avis du nombre de loups tués dans leur arrondissement, et faisaient connaître, ainsi que les préfets, le nombre de loups présumés fréquenter les bois soumis à leur surveillance.

Pour tenir leurs chiens en haleine, il leur fut permis de chasser deux fois par mois, dans les bois de l'Etat, le chevreuil-brocard, le sanglier et le lièvre. (V. d'autre part, p. 140, *in fine.*)

Un costume leur est assigné, mais il n'est pas obligatoire. (Règlement des 1er germin. an 13, et 20 août 1814.)

Une instruction du ministre de l'intérieur est venue rappeler aux préfets l'exécution des anciens règlements, et prescrire l'emploi pour la destruction des loups des battues générales, des chasses particulières, des pièges et de l'empoisonnement. Des primes sont promises à ceux qui détruiront ces animaux; elles seront payées sur la constatation qui sera faite de leur destruction.

Une autre instruction de l'administration des forêts, du 23 mars 1821, prescrivait aux conservateurs des forêts de veiller à l'exécution des lois et règlements dans les bois de l'Etat, des communes et des établissements publics, de se conformer aux ordres du grand-veneur, de viser les permissions de chasse accordées dans les bois de l'Etat (en vertu du règlement du 20 août 1814), et de rendre compte au grand-veneur des abus auxquels ces permissions pourraient donner lieu (art. 61).

La même instruction prescrivait aux conservateurs de veiller à l'exécution des dispositions de l'arrêté du 19 pluv. an 5, et de dresser procès-verbal contre les traqueurs qui abandonneraient la chasse du loup pour celle du gibier.

La charge de grand-veneur subsista jusqu'en 1830, époque à laquelle l'administration des forêts fut investie des attributions conférées jadis au grand-veneur. (Ord. du 14 septembre 1830.)

Les lieutenants de louveterie sont institués aujourd'hui par le directeur général des forêts, qui détermine le territoire où doivent s'exercer leurs fonctions. Leurs commissions sont annuelles; néanmoins, lorsqu'elles n'ont pas été révoquées elles sont censées tacitement prorogées, et ils peuvent s'en prévaloir même après l'expiration de l'année. (Orléans, 11 mai 1840. — D. 41. 2. 29. — P. 40. 2. 308.)

Bien qu'institués par l'autorité, ces officiers n'ont que des fonctions honorifiques, et ne sont ni agents du gouvernement, ni dépositaires d'aucune portion de la puissance publique. Aussi peuvent-ils être poursuivis sans autorisation du conseil d'Etat, à raison des délits par eux commis en leur dite qualité [1]. (C. C. 13 juillet 1810.—S. 10. 1. 297. — D. 10. 1. 426. — P. — *Id.* 21 janvier 1837.—S. 37. 1. 150. — D 37. 1. 503. — P. 37. 1. 647.)

Les privilèges que leur conféraient les anciennes ordonnances, tels que exemption de taxe, logement de gens de guerre, etc. (V. *suprà*, p. 136), ne subsistent plus. Le droit qu'ils avaient précédemment (Règlement du 20 août 1814), de chasser à courre, deux fois par mois dans les forêts de l'Etat, le lièvre et le chevreuil-brocard, leur a été

---

[1] Il en serait autrement d'un maire qui, en vertu d'un arrêté préfectoral, a ordonné une battue ou chasse au loup. Cet officier municipal est réputé avoir agi comme fonctionnaire public, alors même qu'il n'a pas observé les formalités auxquelles sont assujéties ces battues. Et il ne pourrait être poursuivi sans autorisation du Conseil d'Etat, pour délit de chasse résultant de l'inaccomplissement de ces formalités

(C. C 1er fevrier 1850. — S 50. 1. 762. — D 50 1. 304.)

enlevé (Ord. du 24 juillet 1832, art. 6) ; ils n'ont plus que le droit
d'y chasser à courre le sanglier et de le tirer quand il tient aux
chiens *(ibid.)*. Encore ne doivent-ils le faire que dans le temps où
la chasse est ouverte. (*Circ. du direct. des forêts,* du 22 juin 1840.)

Lorsque la chasse est close, ils doivent se borner à tendre des
pièges, faire détourner les loups, et les attaquer à trait de limiers
sans se servir de l'équipage qu'il est défendu de découpler. (Même
circul. et règl. du 20 août 1814.)

La faculté de chasser le sanglier dans les bois de l'Etat, est personnelle aux louvetiers; ils ne peuvent en déléguer l'exercice à des tiers,
pas même à leurs piqueurs. (Nancy, 31 janvier 1844. — D. 44. 2.
69. — P. 44. 2. 38.) En conséquence, il y a délit de chasse de la
part de ces derniers qui, par ordre de leur maître, et en son absence, se livrent à une chasse de cette nature. (Même arrêt.)

Lorsque le sanglier s'est trop multiplié dans une contrée, le préfet
peut, en le rangeant au nombre des animaux nuisibles, donner à
tout propriétaire, possesseur ou fermier, le droit de le détruire ou
faire détruire sur ses propriétés, à l'aide de procédés qu'il spéci-
fie (art. 9, 1. du 3 mai 1844). Il peut aussi, en pareil cas, ordonner
des chasses et battues pour sa destruction, aussi bien dans les bois
des particuliers que dans les forêts de l'Etat. (C. C. 3 janvier 1840.
— D. 40. 1. 392. — P. 40. 2. 308. — Orléans, 11 mai 1840. — D. 41.
2. 29. — P. 40. 2. 308. — Poitiers, 29 mai 1843. — D. 43. 2. 157. —
P. 45. 1. 154.)

Mais il ne peut, par une ratification postérieure, relever du délit
par lui commis l'officier de louveterie qui s'est livré, sans autorisation préalable, à une chasse de cette nature dans les bois d'un particulier (mêmes arrêts). Et cet officier ne serait pas admis à produire
pour sa justification une simple lettre du préfet qui l'aurait invité à
faire une battue. (Mêmes arrêts de la Cour de Cassation et de celle
d'Orléans.)

Outre cette autorisation, l'officier de louveterie doit, conformément aux prescriptions de l'arrêté du 19 pluv. an 5 (art. 4 et 5), se
soumettre à la surveillance des agents forestiers. (C. C. 3 janvier
1840. — S. 42. 1. 657. — *Id.* 30 juin 1844. — S. *ibid.* — *Id.* 12 juin

1847. — S. 47. 1. 698. — D. 47. 4. 69. — P. 47. 1. 569.) S'il se livre à la chasse des animaux nuisibles, sans la surveillance de ces agents ou à leur défaut, sans la permission des propriétaires de la forêt, il peut être poursuivi par ceux-ci pour délit de chasse sur le terrain d'autrui sans autorisation du propriétaire. (C. C. 30 juin 1841. — D. 41. 1. 401.)

Ils doivent aussi se conformer scrupuleusement aux prescriptions des arrêtés préfectoraux qui les autorisent, et ne pas faire une chasse à courre quand l'arrêté ne permet de faire qu'une battue. Ils sont aussi tenus de se concerter avec les fonctionnaires désignés dans l'arrêté. Toute infraction de leur part à ces dispositions les constitue en délit, eux et les chasseurs qui les accompagnent, soit que la chasse ait eu lieu en temps prohibé, soit qu'elle ait eu simplement lieu sur le terrain d'autrui sans autorisation du propriétaire. (Poitiers, 29 mai 1843. — D. 43. 2. 157. — P. 45. 1. 154.)

Cependant la faveur justement due aux louvetiers et à ceux qui concourent à la destruction des loups a fait décider : 1° que ces infractions ne constituaient aucun délit, et que l'administration seule avait qualité pour surveiller l'exécution de ses arrêtés (Poitiers, 10 décembre 1836. — D. 37. 2. 78. — P.) ; 2° que lorsqu'un maire a, en vertu d'un arrêté préfectoral, sans se conformer aux règles prescrites, convoqué, pour une chasse aux loups, les habitants d'une commune, ceux-ci ne peuvent être traduits devant les tribunaux qui n'ont pas qualité pour contrôler un acte administratif (l'arrêté du préfet), et en apprécier la valeur (C. C. 1ᵉʳ février 1850. — S. 50. 1. 761. — D. 50. 1. 303) ; 3° que la bonne foi des chasseurs convoqués pour une chasse au loup était un motif suffisant pour les mettre à l'abri de toute poursuite, à raison d'une contravention commise à leur insu par le maire qui avait fait la convocation. (Douai, 27 octobre 1849. — S. 50. 1. 761. — D. 50. 1. 303. — V. aussi la *Gaz. des Trib.* du 11 janvier 1850.)

La bonne foi n'est pas en matière de chasse une excuse suffisante. Mais quand il s'agit de personnes qui, au lieu de se livrer au plaisir de la chasse, se prêtent gratuitement à ce qu'on peut regarder comme un service public, il n'était pas possible de ne pas tenir compte de leur bonne foi et d'appliquer les principes rigoureux adoptés pour les faits de chasse proprement dits. Aussi a-t-on jugé que ceux qui, en faisant une battue prescrite par arrêté préfectoral, ont, sans le savoir, franchi les limites du département, et pénétré (alors que là terre était couverte de neige) dans une forêt située dans un département voisin, ne peuvent être poursuivis pour fait de chasse en temps de neige et sans autorisation du propriétaire de la forêt. (Nancy, 11 mai 1850. — P. 50. 2. 73.)

La faveur accordée à l'institution de la louveterie a fait décider que les louvetiers sont présumés chasser les animaux nuisibles tant que le contraire n'est pas établi. Ainsi, bien que les officiers de louveterie, qui se livrent à une chasse purement voluptuaire, commettent un délit, la preuve de l'abus qu'on leur impute doit être faite par ceux qui en demandent le redressement (Bourges, 30 mai 1839. — D. 40. 2. 47); et lorsqu'un procès-verbal constate simplement qu'un piqueur de louveterie a été trouvé chassant sans permis de port d'armes, il y a présomption qu'il chassait des bêtes fauves et non du gibier. (Nîmes, 9 juillet 1829. — D. 31. 2. 208.)

Les louvetiers doivent-ils être munis d'un permis de chasse ? Sous l'empire du décret de 1812, on décidait qu'un permis leur était nécessaire pour se livrer au plaisir de la chasse, mais qu'ils n'en avaient pas besoin pour remplir les devoirs de leur charge en s'occupant de la destruction des animaux nuisibles. (Décision du minist. des fin. du 3 oct. 1823.—Rennes, 24 nov. 1835.—P.) On jugeait même que les piqueurs de louveterie ont, en vertu de leur commission, le droit de chasser isolément, sans permis de port d'armes, et hors les battues générales autorisées par le préfet, non-seulement les loups, mais encore les bêtes fauves et animaux nuisibles qu'ils rencontrent. (Arrêt précité de Nîmes, du 9 juillet 1829.)

Pour que cette dernière décision fût applicable sous l'empire de la loi du 3 mai 1844, il faudrait que le louvetier chassât sur ses terres ou sur celles de personnes lui ayant donné un mandat au moins tacite à cet effet, et qu'il employât les procédés indiqués par le préfet pour la destruction des animaux malfaisants ou nuisibles. Enfin il faudrait que les animaux qu'il chasse fussent rangés par le préfet dans l'une ou l'autre de ces deux catégories. A ces conditions, il peut, comme tout autre particulier, chasser sans permis. (V. *suprà*, p. 4, n° 14.) Mais s'il chasse, même sur ses terres, des animaux que le préfet a omis de classer parmi les animaux nuisibles, bien qu'ils le soient en réalité, il a besoin d'un permis de chasse, et il ne peut se livrer à cet exercice qu'autant que la chasse est ouverte.

Si, contre le gré d'un propriétaire, il va chasser sur son terrain des animaux déclarés malfaisants par l'arrêté préfectoral, il est doublement punissable lorsqu'il chasse ainsi sans permis sur le terrain d'autrui, sans préjudice de l'aggravation de peine qui l'atteint si le fait s'est produit en temps prohibé. Pour pouvoir s'introduire sur le terrain d'autrui et y chasser impunément et sans permis, les louvetiers ont besoin, comme tous autres particuliers (ayant des équipages de chasse), d'une autorisation du préfet de leur département.

En résumé, sous l'empire de la loi actuelle, les louvetiers n'ont pas besoin d'un permis de chasse pour faire les chasses et battues générales ou particulières ordonnées ou autorisées par le préfet. Il leur en faut un pour se livrer à une chasse purement voluptuaire, même à celle du sanglier qu'ils ont le droit de faire deux fois par mois dans les bois de l'Etat.

Ceux qui, devant faire partie d'une chasse au loup ordonnée par arrêté du préfet, se sont abstenus d'y prendre part, doivent être condamnés à dix francs d'amende. (Arrêt du Cons. du 26 février 1797, art. 6. — C. C. 13 brum. an 11. — D. 1. 515.)

Des gratifications étaient jadis accordées pour la prise et la destruction des loups par les intendants qui en déterminaient la quotité. (Arrêt du Conseil du 18 janvier 1785, art. 12.) Fixées à un taux assez élevé par la loi du 11 ventôse an 3, ces primes ont été réduites successivement par la loi du 10 messidor an 5, et par l'instruction du ministre de l'intérieur du 9 juillet 1818. Elles sont aujourd'hui, aux termes de cette instruction, de 18 francs par louve pleine, 15 francs par louve non pleine, 12 francs par loup et six francs par louveteau.

Ces primes peuvent être augmentées sur la demande des préfets et à raison des circonstances qui ont accompagné la destruction de l'animal.

Pour les obtenir, la personne qui a détruit le loup le présente au maire de la commune qui en dresse procès-verbal constatant le nom du destructeur, l'âge et le sexe de l'animal tué, et la qualité de la prime méritée. Il joint à ce procès-verbal, qu'on a soin de faire en double expédition, le contrôle de l'animal ¹ (ord. la patte droite antérieure et les deux oreilles), sur le vu du procès-verbal, dont un double est fait sur timbre lorsque la prime excède dix francs ; le préfet délivre un mandat qui est payé par le receveur des finances ou par le percepteur, sur les fonds alloués à cet effet au budget du département. Quand l'animal est détruit dans un arrondissement autre que celui du chef-lieu du département, le contrôle est envoyé à la sous-préfecture, et le sous-préfet mentionne en marge du procès-verbal que le contrôle de l'animal lui a été présenté.

---

¹ Dans le département de Saône-et-Loire, on a l'habitude d'apporter à la préfecture ou à la sous-préfecture, suivant les arrondissements, la tête de l'animal, et là on lui coupe les deux oreilles. Quand ce sont des louveteaux vivants, on les tue et on leur coupe les oreilles. Les louveteaux sont considérés pour la prime comme des loups, dès qu'ils ont atteint la grosseur du renard.

FIN.

OMISSIONS [1] ET ERRATA.

1 — Page 3, 2ᵉ colonne, ligne 24, ajoutez : Bordeaux, 28 février et 21 mars 1850. — P. 51. 1. 209.

2 — P. 6, 2ᵉ col., n° 8, *in fine,* ajoutez : P. 51. 1. 5.

3 — P. 10, 2ᵉ col., n° 32, ligne 5ᵉ, ajoutez : P. 51. 1. 5.

4 — P. 22, 2ᵉ col., ligne 17ᵉ, au lieu de *exécutif,* lisez : *exécutoire.*

5 — P. 36, 1ʳᵉ col., après la ligne 32ᵉ, ajoutez : Limoges, 8 décembre 1849. — P. 51. 1. 209.

6 — P. 70, n° 8, *in fine,* ajoutez : P. 51. 1. 380.

7 — P. 94, 1ʳᵉ col., après la 2ᵉ ligne, ajoutez : Limoges, 8 décembre 1849. — P. 51. 1. 209.

8 — P. 119, 1ʳᵉ col., ligne 29ᵉ, au lieu de 25, lisez : 25 *bis.*

9 — P. 122, 2ᵉ col., après la ligne 8ᵉ, ajoutez : Orléans, 24 mars 1851. — P. 51. 1. 119.

10 — *Ibid.,* n° 9, après ces mots : Gillon, p. 340, ajoutez : V. en sens contraire l'arrêt précité d'Orléans du 24 mars 1851.

---

[1] V. aussi p. 134.

EXPLICATION

DES RENVOIS FAITS AUX DIVERS RECUEILS DE JURISPRUDENCE.

S. désigne le recueil de Sirey, continué par M. Deville-neuve. — D. celui de Dalloz. — P. le *Journal du Palais.*

Les chiffres qui suivent ordinairement ces lettres indiquent : le 1er, le volume où est relatée la décision citée ; le 2e, la partie du volume, et le 3e, la page où se trouve cette même décision. Ainsi, S. 40. 2. 104., signifie : recueil de Sirey, tome 40, 2e partie, page 104 ; et D. 46. 4. 42., veut dire : recueil de Dalloz, tome 46, 4e partie, page 42.

Les deux premiers volumes de Dalloz, qui sont des suppléments publiés après coup, sur diverses matières, ne sont pas divisés en plusieurs parties. Ainsi, D. 1. 520., veut dire : Dalloz, 1er volume, p. 520.

Le *Journal du Palais,* jusqu'en 1836 inclusivement, donnant ses arrêts par ordre de date, il a suffi, pour toutes les décisions antérieures à 1837, d'indiquer qu'elles se trouvent au *Journal du Palais,* sans spécifier le volume ni la page. Ainsi, P. indique que l'arrêt se trouve à sa date, au *Journal du Palais.* Pour les arrêts rendus à partir du 1er janvier 1837, cette indication ne pouvait suffire. Ce journal publiant, depuis cette époque, deux volumes chaque année, il fallait indiquer l'année, le volume et la page. Ainsi, P. 45. 2. 4., signifie : *Journal du Palais,* année 1845, tome 2, page 4.

Enfin, quelques arrêts, omis dans les autres recueils, ayant été insérés au *Bulletin criminel* qui se trouve dans tous les parquets de France, j'ai fait, le cas échéant, suivre l'arrêt de cette mention, *Bull. crim.,* avec l'indication de la page et du numéro du bulletin où se trouve l'arrêt.

Quant aux arrêts, C. C. veut dire Cour de Cassation, et *Paris, Lyon,* etc., signifient : Cour de Paris, de Lyon, etc. ; la date qui suit est celle de l'arrêt rapporté.

TABLE ALPHABÉTIQUE

DES MATIÈRES.

FIN DE LA TABLE.